congratulations

드디어 개봉박두군요..^^ 수고 많이 하셨어요. 어서 빨리 따끈따끈한 책 만나보고 싶군요.ㅎㅎ **마이더스** * 축하해요~ 털팽이님~ 올해는 계속 바쁘셨던 것 같아요~ 이제 책이 나오면 좀 한숨 돌릴 수 있으실런지..^^ 털팽이님 보고 싶네요~ **꾸미** * 완전 추카드려요^^ 컴터가 아니라서 긴 추카 말은 다음 기회에ㅜㅜ 휴대폰이라;; **눈사람** * 와~ 축하드려요. 그렇지 않아도 책이 나왔으면 좋겠다는 생각을 많이 했었는데... 책 나오면 꼭 사보려고 합니다! 님의 수납대로 요즘 정리 중이랍니다. **기옥** * 올핸 넘~ 뜻 깊은 한해가 되시겠네요. 출간되는 책이 많이 기대되고 기다려지네요^^ **행복미소** * 축하드립니다 **착한악마** * 와우~~~~ 진짜진짜 축하드립니다. 분가 예정이라 자주 들락날락 해서 그냥 책 한 권 있으면 편하게 아기 젖먹이면서 읽고 배울 수 있겠다 했는데. 저의 마음을 읽으신 거예요? 빨리 출간되었으면 좋겠어요. 수납책 사러 서점 갔다가 글미 짜다리 있어서 그냥 나왔는데.. 털팽이님 홧팅!!^^ **맘마미야** * 수납책 출간 축하드려요~ 저도 기도하고 있을게요...달팽이님 파이팅!!! **써니사랑** * 와, 대단하세요^-^ 책이라... 블로그에 몇 자 적는 것도 힘든 저에게 꿈같은 일이네요~ 바람이네요. ㅎㅎ츤꼭 사야겠네요. ㅊㅋㅊㅋ드려요 **수박페페** * 와아~~~~~~오랜만에 들어왔는데 좋은 소식이 있네요^^ 책 나오면 저도 사 볼게요*^^* **딸기혜영** * 책 출간하신다니 너무 좋네요^^ 가까이에 놓고 맘껏 활용할 수 있기를 바라면서, 출간 정말 축하드려요^^ **물귀신** * 축하드려요. 귀국하고 지금은 시댁과 친정을 오가며 지내고 있는데, 곧 집을 얻을 텐데 털팽이님의 책이 저에게 정말 많은 도움이 될 듯 싶어요. 빨리 만나봤음 좋겠어요. 언제쯤 시중에 나올까요? **나임맘** * 저같이 정리정돈 안 되는 사람에게 딱~~ 필요한 책이네요^^ 축하드려요! **떼쟁이맘** * 늘 부지런히 집안 구석구석 정리하고, 수납하시니 가족들이 얼마나 좋아할까요?? 식구들이 다른 집 놀러 가면 적응 못할 것 같은데요? 그렇게 부지런히 일하셔서 그런지 날씬~ 날씬함의 비법이, 혹시 수납, 정리? 저도 오늘부터 열심히 정리해야겠어요. 책 출간 추카추카^^ **딸기핑키** * 털팽이님, 와서 많이 배우고 가는데 책 너무 기대 되요. 언제 나오나요? 꼭 구입해서 볼게요. 매일 블로그에서 보기만하고 정리는 안해요 ㅎㅎ **강쥐조아** * 너무너무 축하드립니다. 저도 털팽이님 덕 많이 본 사람 중에 한사람인데;;; 많이 힘드셨겠지만, 축하드립니다*^^* **한승아** * 와!! 축하드려요~ 얼른 책 나왔으면 좋겠네요.^^ **눈사람** * 너무도 기대되는 걸요. 저도 털팽씨 때문에 우리집을 조금 정리했는데. 책 나오면 쪽지주세요. 얼른 책방으로 뛰어가려구요 ㅋㅋ **은정이** * 축하드려요^^ 지금 나왔을런가? 저도 꼭 사보려고요. 저는 이제 초보주부예요.ㅋㅋ 님 블로그에서 도움 될 만한 것 많이 배웠어요. 이제 분가해서 살려고 9월달에 이사 간답니다. 냉장고 사면 털팽이님 수납방법 저도 함 해보려고요 ㅋㅋ **사악효** * 책 출간된 것, 너무너무 축하드려요. 근데 정리 부업은 안하시는 거예요?? 저희 집이 너무 엉망이라 초대하고 싶은데. 여기까지 찾아오느라 몇 밤을 꼬박 새었나 몰라요, 엉엉~ 저희 집에 꼭 한 번 와주시면 좋겠는데, 군관사라 15평밖에 안 되서 좁은데다가, 정리까지 안 되어 있으니 집안 꼴이 난리예요. 신랑 집에만 들어오면 한숨 쉬어요. 엉엉 **여비마눌** * 오랜만에 들려봤는데 깜짝 소식이 있었네요!! 정말정말 축하드려요~~~ 저도 털팽이님처럼 정리 달인은 못되더라도 정리를 깔끔하게 잘했으면 좋겠어요~ㅠㅡㅠ 넘 좋겠네요~ 축하드립니다!! **징징** * 축하드립니다~ 좋은 정보, 도움 많이 되었습니다~^^ **곰**

순이 * 와~ 책 나오는군요~! 후딱 출판하셔서 털팽이님 노하우를 전수해주세요~ **러비** * 출간 넘넘 축하드려요~!! **양념** * 친정 부모님이랑 같이 살아서인지 늘 해묵은 짐들로 가득해 항상 맘이 답답했어요. 그럴 때마다 여기 들려서, 분가하면 이렇게 깔끔하게 수납하고 살리라~하며 상상을 펼치곤 했었네요. 책이 나오면 좋겠다 했는데, 드뎌 책이 나오니 정말 좋아요. 얼른 사와서 커피 한잔 마시며 보고 싶어요. **혜윤맘** * 드디어 책이 나오는군요. 넘넘 축하드려요^^ **시기으니** * 우와~~~ 기대 되요. 언제 나온데요? 서점에 들려봐야겠어요. 꼭 사서 봐야지. 저에겐 꼭 필요한 털팽이님의 아이디어예요. 너무 축하드려요! **민이엄마** * 책을 내신 거예요?? 와~!! 축하드려요~ **러브러브** * 수납하기 넘 힘든데~ 한수 배워야겠어요~ 축하드려요~ **꿀꿀** * 오랜만에 왔다가 좋은 소식 듣네요. 축하드려요. 저도 서점 가서 한번 봐야겠네요. 살림도 한수 배우고. 축하드려요~ **앨리앤가** * 아직은 수납할 것이 별로 없지만 결혼하고 나면 필요성을 확실히 느낄 것 같아요 책 꼭 구입해야겠어요. 엄마에게도 알려줘야지~ **blight78** * 집이 좁아 수납하기 힘든데. 저도 배워야겠어요^^ **군마눌** * 제가 젤 ~~ 부러워하는 사람이 정리정돈 잘~ 되는 사람. 저에게 딱~ 필요한 책! 축하드려요^^ **떼쟁이맘** * 제일 안 되는 게 수납인데요~ 이참에 좀 배워야겠어요. 인테리어의 첫걸음이 수납이라는데~꼭 구입해야겠네요^^ 축하드립니다. 그런데, 닉네임이 참 재미있고 특이하네요~ **애플그린** * 아무리 정리해도 거기서 거기던데, 한수 배워야겠어요. **usagi0404** * 와~ 전 수납법 잘 모르는데, 보고 한수 배워야겠네요. 책 출간 축하드려요~ **날다곰** * 이런 책 정말 찾고 있었는데... 완전 감사하죠 ㅋ **kjr0430** * 정말 정리를 잘 하는 분들 너무 부러워요. 목 빠지게 기다리고 있답니다. 출간 축하드려요! **마네미즈** * 저도 블로그 이웃인데, 이웃사촌께서 책을 내신다니 저도 무지 기쁜데요. 좋은 정보 공유. 더욱 기대되요. **홍맘** * 책 안 내나 기다리고 있었는데. 출간 축하드려요!! **양념** * 축하드려요~~~~)ㅅ(// 서점에서 봬요~ **뮤즈냥** * 추카추카~~ 드려요. 수납과 정리가 서툴러서 남편한테 항상 잔소리를 듣는데, 저두 털팽이님처럼 수납의 달인이 될 수 있겠죠^^ 수납의 달인이 되는 그날까지, 털팽이님 책 보고 열심히 따라할래요~~~ **별이맘** * 축하드려요^^ 수납이랑 정리에 관심은 늘 있었지만 시도해보지 못하네요. 책도 보고, 블로그도 보고~ 꼭 따라해서 저도 잘해보고 싶네요. **얼음산책** * 추카해요~ 털팽이님~^^ 책 나오면 소식 주세요. 수납에 대한 책, 아주 도움이 클 것 같아서 저도 기대하고 있습니다. 무엇보다 제가 아는 분이 저자라니까 더욱 기분이 좋네요..^^ **꾸미테리** * 그러게요. 남다른 노력의 결실이라 생각해요. 축하드리고, 책 내면 꼭 사 볼게요..^^ **달님안녕** * 정말 수고 많으셨네요. 축하드려요~~~^^ **준호맘** * 축하드려요~ 살림하랴 지엔느 활동하랴, 바쁘신 중에도 책을 내시게 되었으니. 아이들한테도 얼마나 자랑스러운 엄마예요? 저두 책 사볼게요. **춘설동우** * 와, 대단하세요! 전 주부 살림만 하기에도 벅찬데 책까지 내시고~ TV출연까지 짬짬이 하시고. 정말 부럽네요~ **겨울동화** * 털팽이님 축하드려요~ 책 나오면 꼭 사 볼게요!! **러브데코** * 책 한 권 낸다는 게 결코 쉽지 않은 일일 텐데. 털팽이님... 정말정말 수고하셨어요~~ 이젠 더 자주 볼 수 있는 거죠? **화니하니** * 털팽이님, 요즘 집이 깨끗해졌어요. 핫핫. 감사합니다 털팽이님~^^ **샤랄라**

꺼내고 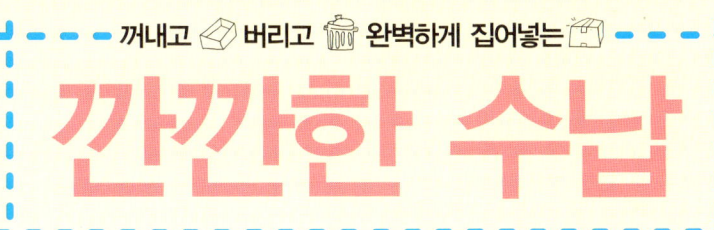 버리고 완벽하게 집어넣는

깐깐한 수납

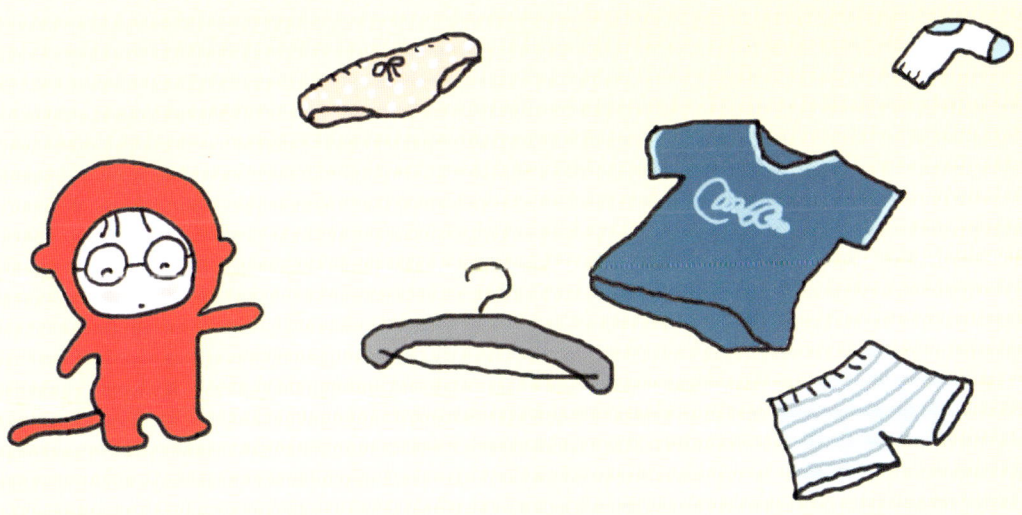

contents

intro. 004
털팽이 집, 구경하러 가보자! & 털팽이가 알려주는 수납의 6단계 공식

part 1 정리가 즐거워지는 장소별 수납법

space 1 의류 수납 공간
[옷장] 옷장 정리의 정석 011
옷장 정리 아이디어 016

know how 020
옷 개는 법만 제대로 익혀도 수납 스타일이 달라진다!
상의 개는 법 반소매 티셔츠 / 긴소매 티셔츠
후드 & 터틀넥 셔츠 / 카디건 / 재킷 / 파카
팬츠 개는 법 / **원피스 개는 법**
속옷 개는 법 삼각팬티 / 사각팬티 / 브래지어 / 러닝셔츠
양말 개는 법 기본 양말 / 아빠 양말 / 스타킹

[서랍장] 서랍장 수납의 정석 039
서랍장 수납 아이디어 042
[철 지난 옷] 옷 수납 아이디어 045
[침구] 침구 정리 아이디어 047

space 2 주방
주방 수납의 정석 054
주방 수납 아이디어 058

know how 066
예쁘고 실용적인 나만의 라벨 만들기 & 활용법
라벨이 뭐예요?
기본 라벨 만들기 / 업그레이드 라벨 만들기

space 3 냉장고
[냉장실] 우리집 냉장고,
이래서 항상 정신없다 071
냉장실 정리의 정석 072
냉장실 정리 아이디어 074
[냉동실] 냉동실 정리의 정석 081
냉동실 정리 아이디어 084

space 4 거실
거실 수납의 정석 089
거실 수납 아이디어 090

space 5 기타 공간들
[화장대] 화장대 수납의 정석 095
화장대 수납 아이디어 097
[책상 & 서류 정리법] 책 정리법 101
책상 정리법 102
[욕실] 욕실 수납의 정석 107
욕실 수납 아이디어 108
[현관] 현관 수납의 정석 113
신발장 정리 아이디어 115
[아이방] 아이방 수납의 정석 119
아이방 수납 아이디어 121

part 2 공간 스타일별 수납의 법칙

CASE 1 **신혼부부의 20평형 복층 오피스텔** 128
수납의 기술로 이색 휴식 공간을 마련하다

CASE 2 **5인 가족의 30평대 아파트** 144
수납 기능 가구에 장식미를 곁들인 공간

part 3 똑 소리 나는 완벽 수납을 위한 작은 투자, D.I.Y & 쇼핑

items for D.I.Y
우유팩 수납함 만들기 161 / 행주걸이 만들기 162 / 페트병 수저꽂이 163 / 조리도구 스탠드 164
휴지 심 조리도구 홀더 165 / 석쇠를 이용한 랩 전용 걸이 166 / 헤어 드라이어 걸이 167
장난감 정리함 168 / 서류 봉투 우편물 꽂이 169

items for shopping
바구니 171 / 서랍장 용품 172 / 박스 스타일 172 / 주방 정리 도구 173
서랍 정리함 173 / 기타 아이템 174

옷을 거는 룰을 익혀보세요! 014 옷 개기 전용판을 활용해보세 021 20:80의 법칙을 기억하세요! 041
기능성 공간, 드레스 룸을 갖추고 싶다면 이렇게 준비하세요 050
동선을 제대로 알면 주방 수납이 두 배 편해져요 057 요리 시간을 확실히 절약해주는 8가지 만능 양념장 078
똑똑한 냉동법, 조금만 더 익혀볼까요? 083 천연 조미료를 갖추어두면 조리 시간도 두 배 절약된답니다! 086
부자 되는 가계부 정리법 105 세면대와 수납장의 매치도 감상해보세요~ 110
신발장의 배치, 신중히 고려하세요~ 117 아이와 함께 우유팩 문구함을 만들어볼까요? 123

intro. 털팽이 집, 구경하러 가보자!

털팽이네 집은 재개발을 앞둔 수도권의 20평대 아파트예요. 아이들이 커갈수록 자질구레한 살림이 늘어난 데다 쇼핑을 무척 좋아하는 탓에 털팽이의 좁은 아파트는 언제나 어수선한 분위기였습니다. 이러한 고민에 해결책을 생각하던 중 좁은 집을 넓게 쓰는 수납의 기술이 있다는 것을 알게 되었답니다. 이런 정보를 습득하고 직접 응용하다 보니 털팽이네 집도 조금씩 변하기 시작했어요. 그리고 모든 물건이 제자리에 잘 정돈된 집이야말로, 어떤 인테리어보다 아름답다는 것도 체감하게 되었답니다. 우리가 요리를 할 때에 요리법을 배우는 것처럼, 살림에 질서를 세우려면 수납의 방법을 배워보세요. 수납은 아이디어나 생활상식일 수도 있지만, 사실 누구나 배운 대로 따라 할 수 있는 하나의 기술이에요. 자, 그럼 지금부터 털팽이네 집의 수납 스타일을 둘러볼까요?

거실은 넓고 쾌적하게!
털팽이네는 아파트 단지에서 가장 거실을 넓게 쓰고 있어요.(^^;) 예전에는 서랍장, 책장, 아이들 장난감, 각종 잡동사니들로 어수선했는데 수납이 잘 되니 굳이 좁은 거실에 다른 살림을 넣을 필요가 없더라고요. 손님이 왔을 때 "집이 너무 지저분하죠?"라는 인사말을 습관적으로 했는데, 이제는 어지를 물건이 없으니 치울 것도 없어요. TV, 에어컨 등 기본적으로 있어야 할 전자제품은 거실의 폭이 긴 쪽에 배치했어요. 그러면 거실이 더 넓어 보이거든요. 오픈형 TV 수납장에 넣어두는 자잘한 살림들은 트레이에 정리했고요. 리모컨이나 휴대폰 등 자주 찾는 물건은 바구니에 라벨을 붙여 집을 만들어줬답니다. 어떤 물건이든 돌아갈 수 있는 자리를 만들어주면 잘 잃어버리지 않거든요.

요리 좋아하는 털팽이네 주방
요리책을 뒤져가며 가족들이 좋아하는 요리를 하는 재미는 주부들만이 누릴 수 있는 특권이 아닐까 해요. 그러다 보니 좁은 주방은 조리도구와 식재료로 가득차 더 이상 들어갈 공간도 없었어요. 게다가 정리를 못하고 쑤셔 박는 습관 때문에 털팽이네 주방은 여러분이 상상하는 최악이었어요. 정리를 해봐야 한 달도 안 가 더 엉망이 되고…. 그래서 절대 어지럽힐 수 없는 시스템을 생각하게 되어요. 시스템 주방은 아니지만 주방 살림에 맞춰 찾기 쉽고, 꺼내기 쉽고, 정리하기 쉬운 주방을 꾸미게 되었죠. 안의 물건을 꺼내기 쉽게 트레이를 넣고, 쌓는 식기는 아래의 물건도 꺼내기 쉽게 두 단으로 나누고, 섞이기 쉬운 물건은 트레이로 나누었죠. 수납할 공간이 부족할 땐 문과 선반도 이용했어요. 넓지는 않지만 수납 코너가 충분하니 요리할 때의 불편함마저 싹 가시게 되었답니다.

200% 완벽한 냉장고 수납

털팽이네 냉장고예요. 와! 라벨…. 냉장고는 선반마다, 칸마다 라벨을 붙여서 자리를 정해줬어요. 그러면 음식마다 정해진 선반에 올려놓게 되어 섞이지 않더라고요. 찾기 쉬워서 전기료가 절감되는 것은 물론이고요. 파, 마늘, 두부, 자투리 야채 등 기본적으로 항상 있는 식재료들은 전용 용기를 만들고 지정석을 만들었어요. 기본적으로 요리에 필요한 양념장은 한 번에 많이 만들어뒀어요. 당도만 조절하면 어떤 요리도 뚝딱 만들 수 있도록 말이죠. 냉동실은 지퍼백에 한 번에 먹을 양씩 담아 수납했어요. 얼릴 때도 녹일 때도 빨라서 신선하게 먹을 수 있거든요. 맨 위 칸에는 깨지기 쉬운 아이스크림을 페트병에 수납하고 그 위에는 알루미늄 트레이를 올려 냉동식 자유석으로 지정했어요. 알루미늄 트레이 위에 음식을 올리면 급속 냉동 할 수 있어요. 그리고 빨리 식혀야 할 국 냄비도 다른 식품들 치우지 않고 바로 얼릴 수 있어 너무 편리해요. 쓸 때마다 가루가 날리는 재료들은 문 칸에 수납했어요. 문 칸은 온도 차가 심한데, 분말 종류라면 상관없거든요.

수납 박스의 활용으로 2배 넓게 쓰는 옷장

털팽이는 참 옷 정리를 못했어요. 정리를 해도 며칠이면 옷장이 엉망이 되고, 특히 선반은 아래옷을 꺼내려면 눈사태 나듯이 옷이 무너져서 정리 좀 하다가 쑤셔 넣고, 또 쑤셔넣고…. 그래서 생각하게 된 게 선반을 서랍장처럼 쓰는 방법이에요. 선반에 옷 수납용 박스를 넣었더니 안쪽의 옷도 쉽고 깔끔하게 꺼낼 수 있더라고요. 항상 만원이라 옷을 꺼내기도 힘든 옷걸이는 우선 옷 종류별로 분류했는데, 특히 계절이 지난 옷은 리본으로 묶은 뒤 옷커버를 씌웠어요. 옷의 부피가 줄고 옷도 구분되거든요. 시즌이 되면 옷 커버만 벗겨 같은 종류의 옷을 입을 수 있고, 지난 옷은 다시 묶어서 넣기만 하면 되죠. 특별히 계절마다 옷 정리를 할 필요도 없어 더욱 편리해요.

압축백으로 부피 확 줄인 이불장

옷장 정리를 잘하는 주부들은 많지만 이불까지 좁은 공간에 깔끔히 정리하는 주부들은 드물어요. 손님이 와서 한번 주무시려면 이불장 제일 아래에 깔린 요 하나 꺼내는 데 힘이 쏙 빠질 정도예요. 이불도 종류별로 구분해서 이불 종류에 맞춰서 수납했어요. 계절 지난 이불들은 압축백을 이용했는데 압축 정도만 조절하면 솜이불도 망가지지 않고 압축할 수 있어요.

서랍장과 책상 정리로 깔끔해진 아이방

아이들 옷장이에요. 아이들은 아래 칸을 주로 사용하기 편하기 때문에 아래 칸에 속옷을 정리하고 중간에는 시즌 옷, 위 칸에는 지난 계절 옷을 정리해두었어요. 속옷 장은 우유팩과 상자를 잘라서 칸칸별로 맞춤 수납장을 만들어주었고요. 이 우유팩은 생각보다 튼튼해서 오래오래 쓰고 있어요. 칸칸이 나뉘어 있고 한눈에 보여서 양말 같은 것도 신고 싶은 것을 찾으려고 뒤섞을 필요가 없고, 짝 없이 돌아다닐 일도 없어서 정리한 상태가 흐트러지지 않아요. 아이들 옷장은 퍼즐 식으로 세로 수납 했어요. 퍼즐 식으로 정리하면 좌우에서 지탱해주기 때문에 일렬로 정리하는 것보다 옷이 쉽게 흐트러지지 않아요. 한편 책상은 상판이 넓고 책을 많이 수납할 수 있는 제품을 구입했어요. 책상 위에는 필요한 문구류만 우유팩에 정리했고요. 너무 많은 물건이 책상 위에 있으면 쉽게 흐트러지고 집중도 안 되거든요. 서랍장 안은 아이들이 쓰고 넣기 쉽게 한눈에 보일 수 있도록 칸칸별로 정리했어요.

정리정돈의 핵심! 라벨 붙이기

털팽이는 예전부터 정리하는 것을 참 좋아했어요. 그런데 정리를 해도 그게 며칠 못 가서 다시 흐트러지더라고요. 그래서 물건마다 꼼꼼히 라벨을 붙여봤죠. 물건의 자리가 정해지니까 쓰면 그 자리에 갖다 놓게 되고, 자리가 비더라도 라벨이 붙어 있어 다른 물건을 쉽사리 집어넣지 않게 되더군요. 라벨은 물건의 제자리를 정해주어 정리한 상태를 오래 유지할 수 있어요. 정리를 해도 금세 흐트러지는 분은 라벨을 꼭 붙여보세요. 라벨 만드는 게 다소 번거로울 수 있지만 한번 붙여보면 라벨의 효과에 놀라게 될 거예요.

재활용품을 이용한 알뜰한 수납 스타일

물론 수납을 할 때 효율적인 수납공간을 갖춘 가구를 구입하고 공간에 맞는 수납장을 맞춰 넣으면 더욱 좋겠죠. 하지만 사실 빠듯한 월급으로 애들까지 키워야 하는 주부들은 작은 물건 하나 구입할 때도 망설이게 돼요. 가구 배치를 바꾸지 않고, 있는 살림 그대로인 상태에서 재활용 아이템이나 천원 소품 하나로 살림에 질서를 줄 수 있다면 더욱 뿌듯할 거예요. 먹고 나면 쉽게 버리는 우유팩 하나, 페트병 하나도 누구나 할 수 있는 쉬운 방법으로 멋진 수납소품이 될 수 있어요. 그리고 이들의 노숙을 적절히 커버해주기 위해서 디자인이 예쁜 박스 테이프를 이용하면 좋답니다. 물론 밖으로 내놓고 쓰는 용도는 아니지만, 테이프로 커버링해 특정 문양을 입히는 작업은 그 자체로도 눈이 즐거워지지요.

털팽이의 수납에는 원칙이 있어요!
수납의 6단계 공식

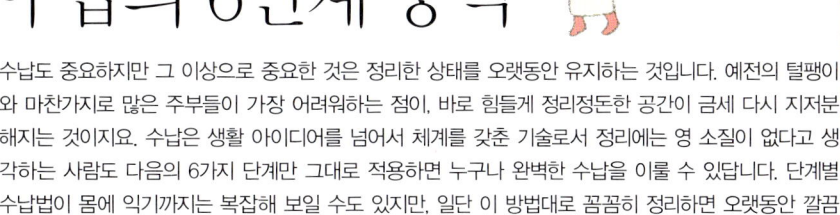

수납도 중요하지만 그 이상으로 중요한 것은 정리한 상태를 오랫동안 유지하는 것입니다. 예전의 털팽이와 마찬가지로 많은 주부들이 가장 어려워하는 점이, 바로 힘들게 정리정돈한 공간이 금세 다시 지저분해지는 것이지요. 수납은 생활 아이디어를 넘어서 체계를 갖춘 기술로서 정리에는 영 소질이 없다고 생각하는 사람도 다음의 6가지 단계만 그대로 적용하면 누구나 완벽한 수납을 이룰 수 있답니다. 단계별 수납법이 몸에 익기까지는 복잡해 보일 수도 있지만, 일단 이 방법대로 꼼꼼히 정리하면 오랫동안 깔끔한 상태를 유지할 수 있습니다.

step 1. 모두 꺼내고 청소하기 수납할 곳의 물건을 모두 꺼내고 청소하는 것이 첫 단계. 지저분한 물건만 꺼내서 대충 치우다 보면 제대로 정리되지 않으니 일단 모두 꺼내둡니다. 비워진 공간은 반건조 걸레나 청소기를 이용해 꼼꼼히 청소하세요.

step 2. 버리기 수납은 버리는 것에서 시작된다고 해도 과언이 아닙니다. 수납에는 '2:8의 법칙'이 있어요. 실제로 사용하는 물건은 20%에 불과하다는 말이지요. 사용하지 않으면 안쪽에 넣는 것이 아니라 과감히 버리는 것이 더 현명하답니다.

step 3. 분류하기 정리되지 않은 집의 공통점은 같은 종류의 물건이 한곳에 모여 있지 않고 여기저기 흩어져 있는 것. 물건이 흩어져 있으면 사용하는 사람의 동선도 이에 따라 움직이게 되므로 결과적으로는 많은 시간을 낭비하겠지요? 사용할 물건은 종류에 맞게 다시 분류하세요.

step 4. 집 만들어주기 사용한 물건을 제자리에 가져다 놓지 않는 이유는, 물건이 돌아가야 할 집이 없기 때문입니다. 분류한 물건은 그 사이즈에 맞추어 1:1 개념의 집을 만들어주세요. 수납 아이템을 이용해도 좋고 페트병, 우유팩, 상자 등 재활용품을 이용해도 좋답니다.

step 5. 라벨 붙이기 집을 만드는 단계에서 끝나버리면 수납 상태가 오래가지 못합니다. 상태를 오래 유지하려면 이 5단계가 가장 중요해요. 정해준 집에 라벨을 붙이면 사용 후 다시 제자리에 되돌려놓게 되고, 간혹 그 자리가 비어 있더라도 여기에 다른 물건을 집어넣지 않게 됩니다. 라벨은 한눈에 읽기 쉽도록 깔끔한 스타일로 만들어보세요.

step 6. 유지하기 이 모든 단계를 거치면 물건마다 집이 생겨 아무리 어질러진 상태라도 예전보다 훨씬 빠르고 효율적으로 정리할 수 있답니다. 물건을 쓴 후에는 반드시 제 집에 가져다놓도록 습관을 들여보세요. 그리고 매달 한두 번은 수납 시스템이 잘 유지되고 있는지, 또 늘어난 물건은 없는지 점검하도록 합니다.

PART 1

정리가 즐거워지는
장소별 수납법

"털팽이님! 저희 집 정리 좀 해주세요. 어디부터 시작해야 할지 모르겠어요." 블로그에 찾아와 정리술을 읽고 난 후 이렇게 정리를 요청하는 이웃들이 상당하답니다. 이야기를 들어보면 대부분 도전 첫걸음에 엄두를 내지 못하는 경우가 많답니다. 어지럽혀진 집을 정리하는 것은 사실 털팽이에게도 아주 쉬운 일은 아니에요. 서랍을 뒤엎고 먼지를 닦고, 박스로 물건들의 집을 만드는 일은 시간도 걸리고 손이 많이 가는 일이지요. 정리를 시작하려고 결심했다면, 우선 집 전체를 한번에 바꿀 생각을 하기보다는 쉬운 공간부터 단계를 밟아가 보세요. 조금씩 바꾸다 보면 코너의 변신에 뿌듯함을 느끼게 되고, 이런 과정을 거듭하다 보면 언젠가 털팽이 못지않은 수납의 달인이 될 수 있을 거예요.

space 1 : 의류 수납 공간

옷장 정리법 :

막상 자주 입는 옷은 한두 벌인데 옷장 속은 언제나 꽉 차 있고, 그래서 옷 한 벌 찾으려면 옷장 안쪽까지 뒤집어 엎어야 하는 경우가 종종 있지 않은지요? 게다가 옷장은 정리를 해도 며칠 지나면 금세 흐트러지기 쉬운 대표적인 수납 공간입니다. 그 원인은 단순히 옷이 너무 많거나 옷장이 좁아서라기보다는, 본인의 정리 법칙들이 한결같지 않고 애매해서 정리할 때마다 매번 변하기 때문이에요. 한번 정리하면 흐트러지지 않는 옷장 수납의 법칙들을 차근차근 하나씩 익혀보세요.

옷장
정리의
정석

step 1

우선은 청소부터 시작하자!

01 옷장안의 옷을 모두 꺼낸다. 청소기로 구석구석 먼지를 빨아들이고, 반 건조 상태의 걸레로 닦는다.

02 비싸게 구입한 코트나 슈트 등 볼 때마다 구입할 당시의 거금이 기억나서 차마 버리지 못하는 옷들 역시 과감히 재활용함에 넣는다. 옷을 구입할 때는 유행에 덜 민감한 스타일을 신중하게 구입하는 것이 좋을 것이다. 대신 시즌 트렌드 스타일은 저렴하게 구입해 자주 입고, 유행이 지나고 나면 과감히 처분하는 것이 좋다.

03 버릴 옷을 분류한다. 옷장 공간이 여유로워서 소중한 옷들을 모두 보관할 수 있다면 좋겠지만, 그렇지 못하다면 앞으로 구입하게 될 새 옷들을 위해 공간을 마련해두는 것도 지혜다. 얼룩이 묻고 변색한 것, 사이즈가 맞지 않지만 살 빠질 때만을 기대하며 모아둔 것 그리고 목이 늘어난 것 등등 이런 옷들은 과감히 버리자.

옷장도 사용하기 편한 위치가 있다!

옷장에서 사용하기 편한 위치를 파악한다. 옷장 문을 열었을 때 바로 보이는 쪽이 사용하기 편한 위치다. 따라서 오른쪽으로 여는 미닫이문은 왼쪽이, 양문형 옷장은 중앙이 사용하기 편한 위치다.

- 철 지난 옷
- 개는 옷
- 자주 입는 옷
- 가끔 입는 옷
- 거의 사용하지 않는 물건

step 2

옷장의 구역 나누기

옷장을 정리하기 전에 전체적으로 구역을 나눈다. 옷장에는 기본적으로 개는 옷과 거는 옷을 수납하는 구역이 나누어져 있다. 옷을 분류해 구역을 크게 나누고, 세부적으로는 계절과 입는 빈도에 맞춰 구역을 나눈다. 사용하기 편한 위치가 어디인지 파악하고, 자주 입는 옷은 꺼내기 편한 위치에, 가끔 입는 옷과 시즌 의류는 손이 잘 닿지 않는 곳에 수납한다.

step3 개어둘 옷 분류하기

옷은 개어둘 때 훨씬 많이 수납할 수 있다. 행어에 걸지 않아도 되는 옷은 개어서 수납한다. 니트, 스웨터, 청바지, 면 소재나 합성 소재 옷 등은 개어놓아도 주름이 덜 생기고, 입을 때 다시 형태가 잘 돌아오므로 일단 개어두는 것을 원칙으로 한다.

철이 지난 파카나 재킷도 주름이 덜 잡히는 방법으로 개어두면 부피를 줄일 수 있다.

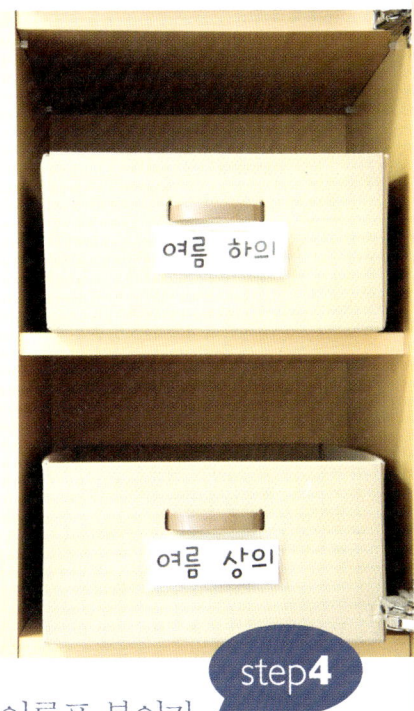

step4 이름표 붙이기

처음 정리할 때는 나름대로 깔끔하게 구역이 정해진 듯한데…. 며칠 안 되어 뒤죽박죽 상태로 돌아와버린다면? 원인은 옷마다 '제자리'가 정해지지 않았기 때문이다. 옷의 종류마다 이름표, 즉 라벨을 붙여서 제자리를 정해주면 세탁 후에도 항상 그 자리에 넣어두게 되어 옷장 안이 정돈된 상태를 유지할 수 있다.

정리 상자와 서랍장에도 라벨을 붙인다. 계절별, 종류별로 확실히 구분되도록 하는 것이 좋다. 라벨은 시각적으로 선명하고 구분되도록 단정하게 만든다. 시판용 벌크로 테이프를 이용해서 쉽게 붙이고 떼어낼 수 있도록 만들어주어도 좋다.

tip 라벨 만들기
01 붙일 단어를 PC에서 원하는 스타일로 작업하고 프린터로 뽑은 후, 두꺼운 색지에 붙이거나 코팅한다.
02 뒷면과 서랍에 벌크로 테이프를 붙인다.
03 항목이 바뀌면 떼어내고 다른 라벨로 바꿔주기만 하면 된다.
04 상자나 서랍장 안에도 줄마다 세부 라벨을 붙이면 매우 편리하다. 상의의 경우 '외출복', '실내복', '블라우스' 식으로 구분해 정리하면 상자 안의 옷이 섞일 염려가 없다.

옷을 거는 룰을 익혀보세요!

옷을 걸 때에도 편리하게 넣고 꺼낼 수 있는 법칙이 있어요. 옷걸이 선택부터 거는 위치까지, 최대한 편안하게 수납할 수 있는 방법들을 익혀두세요.

rule 1.
어깨 형태에 맞는 옷걸이를 선택하세요

얇은 옷을 두툼한 양복 옷걸이에 걸면, 불필요하게 많은 공간을 차지하게 마련입니다. 반면에 양복을 철사 옷걸이에 걸면 옷걸이 형태대로 뾰족하게 자국이 생기겠지요. 옷을 걸 때는, 항상 어깨 넓이에 맞는 옷걸이를 선택해서 거는 것이 좋습니다.

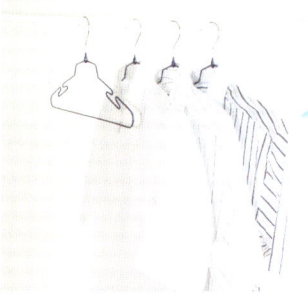
얇은 옷은 얇은 옷걸이에 걸어야 공간이 절약된다.

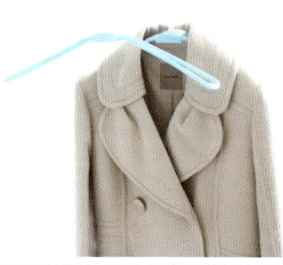
두꺼운 옷은 어깨가 망가지지 않도록 두꺼운 옷걸이에 건다.

미끄러지지 않는 논슬립 옷걸이 만들기

원피스나 얇은 소재의 옷을 정리하다보면 종종 미끄러져서 불편하다. 이때 고무장갑을 이용한 고무줄 하나로! 옷이 흘러내리지 않는 기능성 옷걸이를 만들 수 있다.

01 못 쓰는 고무장갑의 손가락을 1~2cm 폭으로 자른다.

02 철제 옷걸이의 양쪽에 끼운다. 이때 고무장갑의 엠보싱 부분이 위쪽으로 가도록 하는 것이 포인트다.

철제 옷걸이의 양쪽 끝을 90도로 구부려서 벨트 고리를 끼우면 바지를 주름 없이 걸 수 있다(왼쪽). 스커트나 바지는 클립 옷걸이에 건다.

논슬립 옷걸이를 활용해 본다. 얇은 옷을 걸어도 어깨가 미끄러지지 않는다.

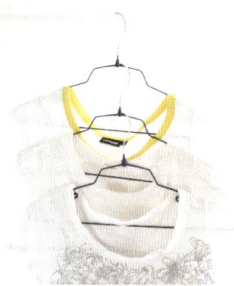
옷걸이를 고리끼리 연결하면 여러 벌의 옷을 걸 수 있다.

rule 2. 옷은 길이를 맞추어 걸어요
왼쪽에는 긴 옷, 오른쪽에는 짧은 옷을 걸어두세요. 옷의 길이를 맞추어 걸면 짧은 옷 아래에 여분의 공간을 만들 수 있습니다. 여분의 공간은 바구니나 서랍을 활용해서 물건을 정리하도록 합니다.

rule 3. 거는 방향을 맞추세요
오른손잡이는 옷의 앞면이 왼쪽을 향하도록 걸어두세요. 특히 옷걸이의 고리는 항상 안쪽을 향하도록 합니다. 한번 익혀서 습관을 들이면, 보기에도 단정하고 옷을 꺼낼 때도 한 번에 수월하게 꺼낼 수 있어 도움이 됩니다.

rule 4. 정리하는 특정 위치를 정하세요
옷장 문을 열었을 때, 바로 보이는 편한 위치에 자주 입는 옷을 걸어두는 것이 기본!

가운데 자주 입는 옷.
왼쪽 가끔 입지만, 스타일을 바꾸고 싶을 때 요긴하게 활용하는 옷. 베스트나 카디건 종류.
오른쪽 가끔 입는 것이지만 중요한 옷. 예를 들어 정장용 슈트나 재킷 아이템.

idea 01 선반에는 박스를 올린다

옷장의 선반은 깊이가 깊어 안쪽의 옷을 꺼내기 힘들다. 옷을 차곡차곡 개어놓고 아래쪽의 옷을 꺼내려면 위의 옷을 들어내야 하고, 그러다 보면 정성스럽게 개어놓았던 옷들이 눈사태 나듯 쏟아져 내리며 헝클어지기 일쑤다.

장롱 선반에도 수납상자를 넣어 서랍장처럼 활용해보자. 계절이 지났을 때 서랍만 통째로 위아래를 바꿔 끼우면 되어 무척 편리하다.

before

after
옷은 계절별, 상하의별로 구분하고 라벨을 붙여 보기 쉽게 한다.

 **수납상자 만들기**

01 마트나 천원숍에서 많이 판매하는 종이 재질의 수납상자이다.

02 만약 너무 높다면 칼로 잘라서 조절한다. 일반적으로 18cm 정도가 적당하다.

03 상자를 조립한다.

04 손잡이를 달면 훨씬 꺼내기 편리하다.

idea 02 긴 옷장 속 숨은 공간을 활용한다

긴 옷을 길이별로 가지런히 수납하면, 짧은 옷 아래로 여유 공간이 생긴다. 여기에 서랍식 수납함을 두고 자주 입는 옷이나 속옷, 양말 등 개어 놓는 옷을 수납해보자. 행어에 여유 공간이 있다면, 행어 정리함을 이용해 입던 옷이나 소품을 정리해도 좋다.

수납함에는 서랍식과 뚜껑식이 있다. 뚜껑식 수납함은 층층이 쌓아놓으면 아래쪽의 옷을 꺼낼 때는 일일이 들어내야 하기 때문에 자주 쓰는 물건을 쌓을 때는 서랍식 수납함을 이용하는 것이 좋다. 수납함의 위에는 바구니를 놓고 가방을 정리해보자.

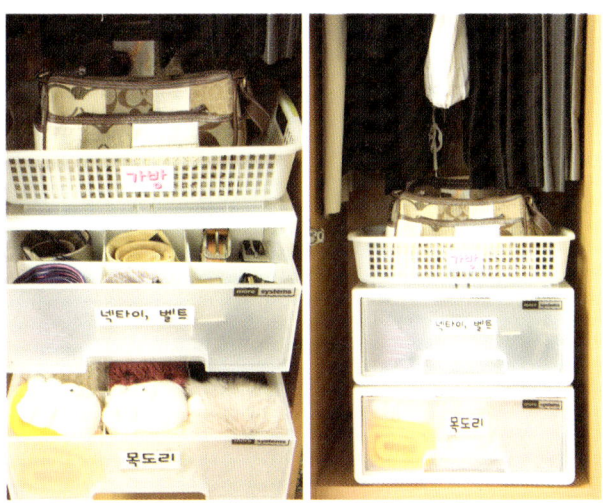

try it!! 넥타이는 고무줄로~!

옷장 문에 걸려 있는 넥타이들은 옷장 문을 열고 닫을 때마다 흔들려서 미끄러지고 떨어지기 일쑤다. 이럴 때는 고무줄을 이용해서 고정해 보자. 사용한 고무줄은 폭이 약간 넓은 의류용 고무줄 제품인데 의류 부자재를 파는 이불집이나 수예점에서 한 묶음에 5백원 정도면 살 수 있다.

01 넥타이 걸이의 너비보다 여유 있게 자른 다음, 양쪽 끝을 글루건이나 후크, 압정 등을 이용해 고정하면 완성.
02 특히, 넓은 고무줄은 액세서리 수납이나 머리띠 걸이, 기타 소품들의 고정에도 다양하게 응용할 수 있다.

idea 03 계절 소품의 수납도 법칙을 정한다

철 지난 수영복, 스키용품, 장갑, 모자 등은 지퍼백에 수납해보자. 시즌이 지나면 가족별, 종류별로 구분해서 소형 지퍼백에 정리한다. 정리하기 힘든 튜브도 바람을 뺀 다음 네모나게 접어서 정리한다. 한눈에 안이 보여 뒤섞으며 찾을 필요도 없고, 부피도 줄일 수 있다.

행어 정리함을 이용해본다

행어에 여유가 있다면 행어 정리함을 이용해보자. 새옷과 함께 보관하기에 마음 내키지 않았던 옷이나 자주 사용하는 의류 액세서리를 종류별로 칸칸히 정리할수 있는 것이 특징이다.

가방은 세워서 넣는다

접을 수 있는 천가방은 넓은 수납함에 차곡차곡 세워서 정리한다.

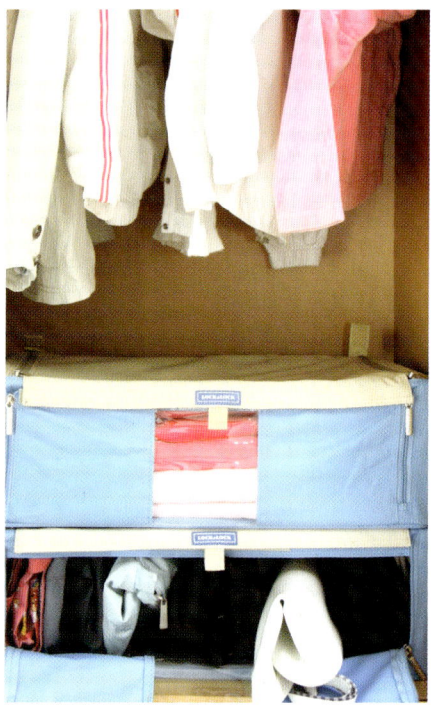

idea 06 높은 선반은 상자를 이용한다

옷장 높은 곳의 선반이나 장롱 위의 공간이 비게 되면 짐들로 금세 채워지지만, 손도 잘 닿지 않고 깊이도 60cm 정도로 깊어서 사용하기 힘들다. 이런 깊숙한 공간에 물건을 수납할 때는 안쪽의 물건도 쉽게 꺼낼 수 있도록 바구니나 상자를 이용하면 좋다. 크기가 맞는 상자가 없다면 박스의 크기를 조정한 뒤 포장지나 시트지를 붙여 맞춤 수납을 한다.

 **선반용 칸칸 박스 만들기**

01 수납할 공간의 크기에 맞는 빅스를 준비한다. 윗부분을 자른다. 자른 윗부분은 칸막이로 사용한다.

02 박스의 안은 흰 종이를 붙이고, 바깥쪽은 시트지나 포장지를 붙이면 더욱 튼튼하게 사용할 수 있다.

03 자른 윗부분은 간격을 정해서 가윗집을 넣고 끼워넣는다. 구멍을 뚫은 뒤 끈을 넣어 두툼하게 매듭을 지어서 손잡이를 달면 완성!!

04 높은 곳에 수납할 때는 내용물 종류를 알 수 있게 라벨을 붙인다. 나중에 넣는 물건을 추가해서 적을 수 있도록 포스트잇이나 큰 메모지를 이용하는 것도 좋다.

idea 07 S자 고리를 이용한다

보통 이불장 위의 행어는 옷을 걸 수 없어 비워두는 경우가 많다. 이 부분에는 S자 고리를 이용해 가방이나 모자를 걸어 또 다른 수납 공간으로 알뜰하게 활용해보자.

긴 옷장의 앞부분에 압축봉을 달고, S자 고리를 이용해 모자를 걸어서 수납해보자.

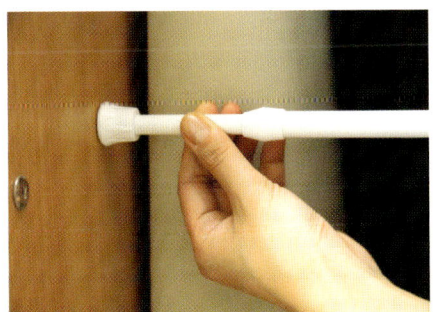

압축봉은 못을 박지 않고 앞부분을 돌려서 길이를 조정해 고정하는 것이므로 누구나 쉽게 설치할 수 있다.

세탁소 옷걸이로 S자 고리 만들기

세탁소 옷걸이를 이용해서 이모저모 쓸모가 많은 S자 고리를 만들어보자.

01 옷걸이를 펜치로 자른다.

02 둥근 병을 이용해서 S자 모양으로 휜다.

03 길이에 맞춰 자르면 완성!

know how * CLOSET

옷 정리의 기술

옷 개는 법만 제대로 익혀도 수납 스타일이 달라진다!

옷 개기의 기본원칙

옷은 소재에 따라 거는 것과 개는 종류로 구분한다. 니트, 스웨터, 청바지, 면 소재나 합성 소재 아이템 등, 개어놓아도 주름이 덜 생기고 입을 때 다시 형태가 돌아오는 옷들은 개어두는 것을 원칙으로 한다. 기본적으로 염두에 둘 점은 다음과 같다.

01 수납공간의 크기에 맞춰 사각으로 접는다.
02 세워서 수납한다.
03 칼라(깃)가 달린 셔츠는 깃을 세우고 갠다.
04 주름이 잘 생기는 옷은 접는 횟수를 줄인다.

Do! 옷은 세로로 넣는 습관을 들이자

세로 수납

옷도 책장에 책을 꽂듯이 세로로 꽂아서 수납해보자. 티셔츠, 러닝셔츠, 작은 양말이나 손수건까지 접을 수 있는 모든 옷들은 세로로 수납할 수 있다. 세로로 수납을 하면 옷장 안에 어떤 옷이 있는지 한눈에 찾아 꺼낼 수 있어 다른 옷들이 흐트러지지 않는다. 세로 수납은 서랍장 안을 단정히 유지하는 가장 효율적인 수납 비법이다.

Don't!

가로 수납

일반적으로 옷은 가로로 차곡차곡 쌓아 수납하는 경우가 많다. 서랍장 속의 티셔츠 한 장을 꺼내려면 한눈에 찾을 수 없어 서랍을 뒤적거리게 되고, 이 과정에서 반듯하게 개어두었던 위쪽의 티셔츠들까지 헝클어지게 된다. 이렇듯 가로 수납은 옷 찾기가 번거로워지며 옷 하나를 꺼낼 때 다른 옷들도 함께 꺼내야 하는 단점이 있다.

옷 개기 전용 판을 활용해보세요

박스나 하드보드지를 이용하면 항상 같은 크기로 옷을 접어서 갤 수 있는 전용 판을 만들 수 있어요.

옷 개기 전용 판 만들기
재료 하드보드지, 자, 테이프, 칼

01 접을 옷의 사이즈에 맞춰 하드보드지를 재단합니다.

02 같은 사이즈로 총 여섯 장을 준비하세요.

03 상하좌우 접을 수 있도록 각각의 판 사이에 1cm정도의 여유를 두고 앞뒤로 테이프를 붙이세요.

옷을 개는 순서

01 옷 개기 판 위에 상의를 뒤집어서 펼칩니다.

02 왼쪽 판을 접었다 펴세요.

03 오른쪽 판을 접었다 펴세요.

04 아래쪽 판을 접었다 펴세요.

05 옷 접기 완성! 사용한 옷 개기 판은 콤팩트하게 접어서 옷 개는 곳에 수납하세요.

반소매 티셔츠

개어두는 가장 대표적인 아이템이 바로 반소매 셔츠.
옆구리를 접을 때 수납 공간을 고려해서 폭을 정하도록 한다.

상의 개는 법

01 옷을 뒤집는다.

point
어깨의 너비는 수납 공간의 폭에 맞춘다.

02 수납공간의 폭에 맞춰 왼쪽 옆구리를 접는다.

03 오른쪽 옆구리도 같은 방법으로 접는다.

04 수납공간의 높이에 맞춰서 세로로 2등분이나 3등분한다.

05 풀어지지 않게 한 번 더 접는다. 완성한 모양의 앞면 부분이 위로 오게 하여 서랍장에 넣는다.

긴소매 티셔츠
팔 부분을 양쪽으로 반듯하게 접는 형태를 눈여겨보자.

상의 개는 법

01 옷을 뒤집는다. 왼쪽 소매를 접는다.

02 오른쪽 소매를 접는다.

03 수납공간의 폭에 맞춰 양쪽의 옆구리를 접는다.

04 수납공간의 높이에 맞춰서 2등분이나 3등분해서 세로로 접는다.

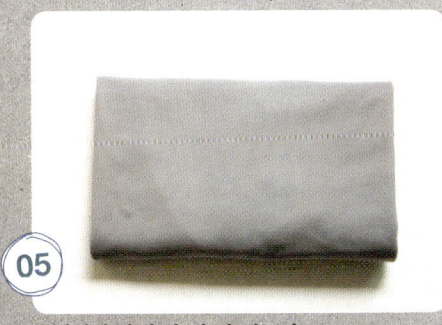
05 풀어지지 않게 한 번 더 접는다.

후드 & 터틀넥 셔츠

모자 목 부분을 먼저 접는 것이 기본이다. 이 역시 어깨의 너비는 수납 공간의 폭에 맞추는 것이 중요하다.

상의 개는 법

01 옷을 뒤집는다. 모자 또는 터틀넥의 목 부분을 아래로 접는다.

02 왼쪽 소매를 접는다.

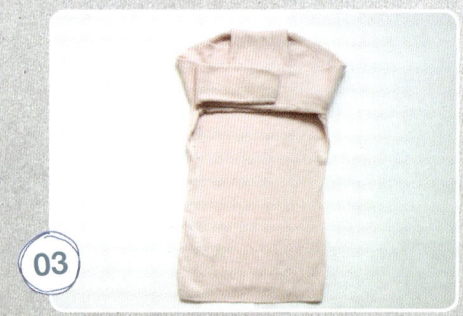

03 오른쪽 소매를 접는다.

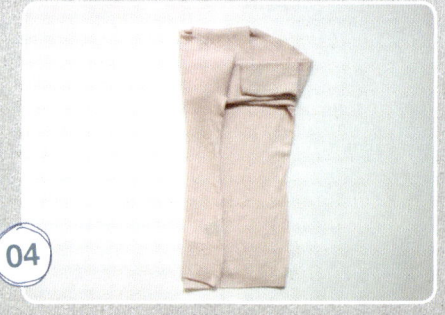

04 수납공간의 폭에 맞춰 왼쪽 옆구리를 접는다. 오른쪽 옆구리도 같은 방법으로 접는다.

05 수납공간의 높이에 맞춰서 2등분이나 3등분해서 세로로 접는다.

06 풀어지지 않게 한 번 더 접는다.

카디건

지퍼나 단추가 달린 카디건, 점퍼는 앞쪽으로 개는 것이 포인트. 단추나 지퍼를 채우지 않고도 풀어지지 않게 단정히 수납할 수 있다.

상의 개는 법

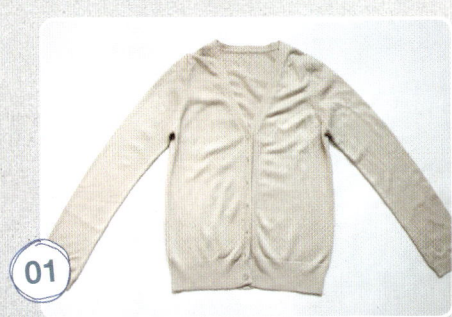

01 앞면이 위를 보게 한다. 지퍼나 단추는 채우지 않거나, 고정되도록 위아래 한두 개만 잠근다.

02 왼쪽 소매를 접는다.

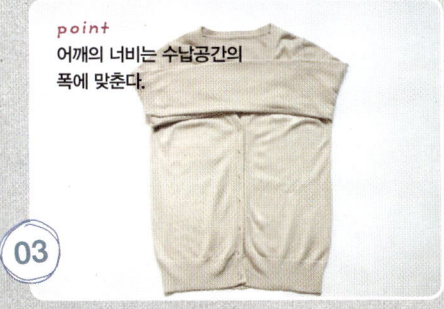

point
어깨의 너비는 **수납공간의 폭에 맞춘다.**

03 오른쪽 소매를 접는다.

04 수납공간의 폭에 맞춰 오른쪽과 왼쪽 옆구리를 각각 접는다.

05 수납공간의 높이에 맞춰서 세로로 2등분이나 3등분한다.

06 풀어지지 않게 한 번 더 접는다.

재킷

철 지난 겨울 재킷을 구김 가지 않게 개는 방법. 옷장에 수납할 공간이 부족할 때 응용해보도록 하자.

상의 개는 법

01 재킷의 단추를 풀고, 뒤집는다.

02 어깨 봉제선에 따라 양쪽 소매를 접는다. 소매의 안쪽과 겨드랑이 부분을 가지런히 맞춘다.

03 중앙의 봉제선을 따라 세로로 반 접는다. 최대한 접는 횟수를 줄여서 구김 가지 않게 하는 것이 포인트로, 전체 길이에 맞는 넉넉한 사이즈의 상자를 준비해 넣도록 한다.

상의 개는 법

파카

파카는 부피는 크지만 주름이 잘 생기지 않으므로 말아서 보관하면 부피를 줄일 수 있다. 돌돌 말아서 헌 스타킹이나 리본으로 묶은 후 쇼핑백이나 상자에 보관해보자.

01 모자를 아래로 접는다.

02 양쪽 소매를 안쪽으로 접는다.

03 목 부분부터 공기를 압축해가면서 돌돌 만다.

04 헌 스타킹이나 리본으로 두세 군데 묶은 후, 쇼핑백이나 상자에 넣어 보관한다.

바지

주름이 덜 생기는 청바지나 두꺼운 소재의 면바지, 아이들 바지는 접어서 넣어둔다.

팬츠 개는 법

01 지퍼, 단추를 채우지 않고 앞을 보게 편다

02 바지의 가랑이 부분과 엉덩이선이 구김 없이 잘 펴지도록 하여 반 접는다.

03 수납공간의 높이에 맞춰 세로로 2등분이나 3등분한다.

04 풀어지지 않게 한 번 더 접어준다.

원피스

원피스도 어깨끈과 넓은 스커트 폭만 조절하면
사각형으로 단정하게 갤 수 있다.

원피스 개는 법

01 원피스를 뒤집는다. 어깨끈이 있다면 어깨끈을 내린다.

02 스커트 폭이 지나치게 넓으면 옆선이 일자가 되게 접는다. 수납공간의 폭에 맞춰 양쪽 옆구리와 치마폭을 접는다.

03 수납공간의 높이에 맞춰 2등분이나 3등분해서 세로로 접는다.

04 풀어지지 않게 한 번 더 접는다.

삼각팬티

부피가 적은 속옷 역시, 개어두는 방법에 따라 수납력이 월등히 달라진다. 삼각팬티라면 다음과 같은 방법을 따라해보자.

속옷 개는 법

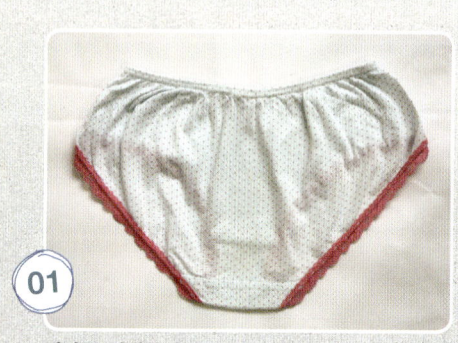
01 팬티를 뒤집는다.

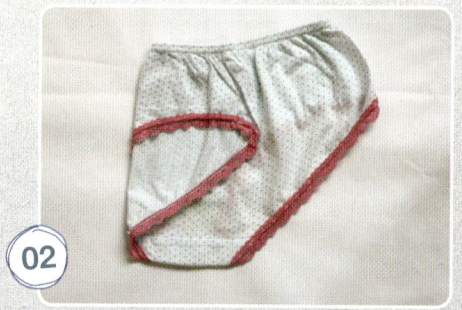
02 가로로 3등분해서 왼쪽을 가운데로 접는다.

03 오른쪽을 가운데로 접는다.

04 세로로 3등분해서 윗부분을 접는다.

05 허리 부분을 한 겹 벌린다.

06 허리의 벌린 부분에 3등분한 아래쪽을 끼워넣는다. 수납함에 칸칸이 정리한다.

사각팬티

부피가 큰 사각팬티는 옆선을 접어서 직사각형을 만드는 것이 포인트. 좁은 공간에 수납할 수 있도록 콤팩트하게 접어 보자.

속옷 개는 법

01 팬티를 뒤집는다. 가로로 4등분하여, 왼쪽 1/4을 접는다. 마찬가지로 오른쪽 1/4도 접는다.

02 이때, 가운데로 모인 옆선을 살짝 겹치게 하여, 전체적으로 직사각형 모양을 만든다.

03 반으로 접는다. 세로로 4등분하여 위쪽 1/4을 접는다.

04 아래쪽 1/4 분량도 접는다.

05 허리 부분을 한 겹 벌린다. 이 사이로 끼워넣는 것이 포인트.

06 허리의 벌린 부분에 4등분한 아래쪽을 끼워넣는다. 모양을 매만진 후 칸칸이 정리한다.

브래지어

어깨끈을 예쁘게 정리한 브래지어는 세워서 한 방향으로 차곡차곡 정리하는 것이 포인트. 이렇게 해야 많은 양을 수납할 수 있고 깔끔해 보인다.

속옷 개는 법

01 브래지어를 뒤집는다. 후크를 잠그지 말고 컵의 옆선에 맞춰 접는다.

02 반으로 접는다. 양쪽 컵을 겹친다.

03 왼손으로 와이어를 잡고 오른손의 손등에 어깨끈을 건다.

04 오른손 손목을 90도로 비튼다.

05 어깨끈을 브래지어 컵에 건다.

06 모양을 매만져주고, 수납함에 칸칸 정리한다.

러닝셔츠

러닝셔츠는 가는 어깨끈부터 안쪽으로 넣어 정리해주는 것이 포인트.
부드러운 소재인 만큼, 콤팩트하게 접어 많은 양을 수납할 수 있다.

속옷 개는 법

01 러닝을 뒤집는다.

02 가로로 2등분하여 반 접는다.

03 가로로 다시 2등분하여 겨드랑이 부분을 중앙으로 접는다.

04 세로로 2등분하여 반 접는다.

05 세로로 3등분하여 아래의 1/3 분량을 접는다.

06 다시 반 접어서 완성한다.

기본 양말

칸칸 수납함에 맞춰 양말을 사각형으로 개는 방법으로 양말목이 늘어나지 않는다.

양말 개는 법

01 발 부분이 왼쪽으로 가게 놓는다.

02 발가락 부분이 발꿈치와 만나게 접는다.

03 발목 부분만 왼쪽으로 접는다. 이때, 발목선은 기존의 왼쪽 선에 가지런히 맞추어준다.

04 전체를 뒤집으면서, 발목 부분을 사이 틈으로 끼워준다.

05 모양을 매만져주면 완성된다.

아빠 양말

일반 양말보다 길기 때문에 수납공간의 크기에 맞춰 여러 번 접는다.

양말 개는 법

01 발 부분이 왼쪽으로 가게 놓는다.

02 발가락에서 발뒤꿈치까지 3등분한 뒤 왼쪽 1/3을 접는다.

03 다시 1/3을 그림과 같이 접는다. 이때 발등과 발목이 직각을 이루게 한다.

04 발목 부분을 왼쪽으로 접는다. 이때, 발목 선은 기존의 왼쪽 선에 잘 맞출 것. 이것을 뒤집는다.

05 발목 부분을 3등분을 한 뒤 오른쪽 부분을 적당한 크기로 접어서 사이틈으로 끼워준다.

06 완성된 모양.

스타킹

스타킹은 길이가 길므로 여러 번 반으로 접은 후에 밴드 안쪽으로 끼운다.

01 길게 편 뒤에 가로로 반을 접은 후, 이것을 다시 세로로 2등분 하여 접는다.

02 다시 세로로 2등분 하여 접는다.

03 이것을 세로로 3등분 하고, 밴드 부분이 중앙에 오도록 접는다.

04 나머지 아래의 부분을 밴드 사이로 끼워넣는다.

서랍장 정리법 :

기본적으로 옷은 걸어놓는 것보다 개어놓는 것이 훨씬 많은 양을 수납할 수 있고, 개어 놓기 위해서는 옷장보다 서랍장이 훨씬 효율적입니다. 이때 중요한 것은, 무조건 일렬로 가지런히 채워넣기보다는 꺼내기에 가장 편리한 법칙을 발견해야 한다는 점입니다. 체크무늬 형태로, 혹은 퍼즐 형태로. 우리집 서랍장이 확실히 변할 수 있는 새로운 수납 법칙을 이 기회에 배워보세요.

서랍장 수납의 정석

step 1

옷 분류하기

기존에 채워져 있던 옷을 모두 꺼내고 반건조 상태의 걸레로 서랍 구석구석을 꼼꼼히 닦는다. 그리고 나서, 본격적인 정리에 들어가기 전 꼭 거쳐야 할 과정이 입지 않은 옷을 분류하는 작업이다. 옷장과 마찬가지로 유행이 지난 옷, 목이 늘어난 옷, 얼룩이 묻은 옷, 맞지 않은 옷은 과감히 의류 재활용함에 넣어버릴 것.

남은 옷은 계절별, 종류별로 구분한다. 요즘 자주 입는 옷과 계절이 지난 옷, 속옷과 양말, 패션 액세서리 등으로 분류하면 된다. 만약 재킷이나 코트, 블라우스 등 주름이 생기기 쉬운 옷이 여기에 들어 있다면? 따로 분류해서 옷걸이에 걸어둔다.

step 2

서랍장 구획 나누기

우선 어느 위치의 서랍장이 사용하기 편리한지 순위를 매겨보자. 어른이라면 중간 위치의 서랍장이 편하며 어린이라면 당연히 아래쪽 서랍장에 손이 잘 닿을 것이다. 가장 편한 위치에 매일 갈아입는 속옷과 양말, 계절에 맞는 옷들을 수납하고 나머지 칸을 이용해 계절 지난 옷들을 넣어 정리한다.

- 중간 칸에는 계절에 맞는 옷을 수납하고, 손이 잘 닿지 않는 위 칸에는 계절 지난 옷을 넣는다. 계절이 바뀔 때마다 서랍장의 위치만 바꿔주면 되니 편리하다.
- 아이들 옷장의 경우, 아이들은 키가 작아 위 칸보다 아래 칸이 사용하기 편하다.
- 맨 아래 칸에는 매일 갈아입는 속옷과 양말을 수납한다.

step3

집 만들기 & 세로 수납하기

옷은 서랍장의 높이와 폭에 맞춰 사각으로 갠다

이것을 세워서 세로 수납하는 것이 포인트. 세워서 넣으면 꺼내고 싶은 옷을 뒤적이지 않고 쉽게 찾을 수 있으며, 훨씬 많은 양의 옷을 수납할 수 있다.(사진 아래)

서랍 속 바구니에도 주목해보자. 바구니 하나가 서랍 속의 공간을 3개로 나눠준다.

작은 속옷도 종류별로 구분을 하면 정리정돈에 서툰 어린아이라도 마구 쑤셔 넣지 않고 항상 같은 자리에 수납하게 되므로, 정돈된 모습을 유지할 수 있다.

옷은 종류별로 구획을 확실히 나눈다

이때, 섞이거나 흐트러지기 쉬운 아이템들은 우유곽이나 상자, 바구니 등을 이용해 특별한 집을 만들어준다.(사진 위)

step4

이름표 붙이기

정리를 하는 것보다 더 중요한 것은 정리한 상태를 항상 유지하는 것. 기껏 서랍장 정리를 마쳤는데 다음번에 제자리가 생각나지 않아서, 혹은 귀찮아서 다른 자리에 넣게 되면, 서랍장 안은 금세 뒤죽박죽이 되고 만다. 각 서랍마다 이름표를 붙이면 분류한 옷들의 자리를 다시 한 번 정해주는 셈이다. 꺼낸 옷을 갤 때마다 다시 그 지정석에 정리할 수 있으므로 절대 섞일 염려가 없다.

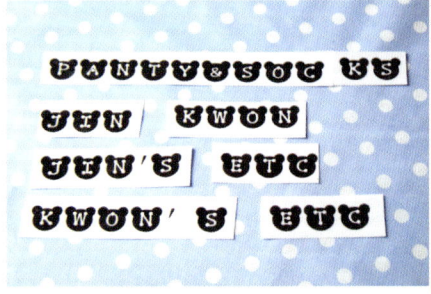

우선 옷장의 라벨은 여름옷, 겨울옷, 속옷 등 기본 아이템별로 분류할 것. 라벨은 프린트를 하거나 견출지에 써서 테이프로 붙인다. 라벨을 쓸 때 대충대충은 금물! 한눈에 읽기 편하도록 단정하게 쓴다.

털팽이's advice

20:80의 법칙을 기억하세요!

"털팽이님! 저는 옷이 너무 많아서 여유 공간을 만들 수 없어요. 현재의 서랍장도 턱없이 좁은 걸요." 자주 듣게 되는 질문입니다.

혹시 '20:80의 법칙'이라는 말을 들어보셨나요?
서랍장 속을 채운 옷들 중, 자주 입는 종류는 사실 20%에 불과합니다. 나머지 80%는 언젠가 입을 옷들… 즉 언젠가 살이 빠진다면, 언젠가 날씨가 추워지면, 언젠가 허드레옷을 입을 일이 생긴다면, 그때 입으려고 처리하지 못하는 옷은 아닌지요?
'입지 않으니까 안쪽에 수납해둔다'가 아니라, '입지 않으니까 버린다'가 되어야 합니다. 그리고 서랍장에 옷을 정리할 때 중요한 점! 옷은 여유롭게 넣고 꺼낼 수 있도록 서랍의 80% 정도만 채워주세요.

서랍장 수납 아이디어

idea 01 체크무늬로 수납하기

옷을 늘어놓는 방법에도 요령이 있다. 체크 형태로 옷을 늘어놓으면 가지런히 일렬로 수납하는 것보다 쉽게 흐트러지지 않는다. 또한 일렬로 10벌의 옷을 늘어놓는 것보다 5벌씩 체크모양으로 늘어놓으면 옷을 꺼낼 때 훨씬 간편하다.

좌우에서 옷을 지탱해주기 때문에 옷이 줄거나 늘어나도 쓰러지지 않는다. 안쪽의 옷을 꺼내는 것 역시 엇갈림이 달라서 쉽게 꺼낼 수 있다.
상의 같은 경우에 터틀넥 셔츠, 면 티셔츠, 남방, 카디건 식으로 입는 빈도와 종류에 따라 더욱 세분해서 분류할 수 있다.
아이들 서랍의 경우 자주 입는 옷을 한눈에 보이는 체크무늬의 앞에 배열하면 아이들도 서랍을 흐트러뜨리지 않고 쉽게 꺼낼 수 있다.

idea 02 쇼핑백에 수납하기

사이즈가 크고 튼튼한 쇼핑백 역시 훌륭한 수납용품이 된다. 아래와 같은 방법으로 준비해보자.

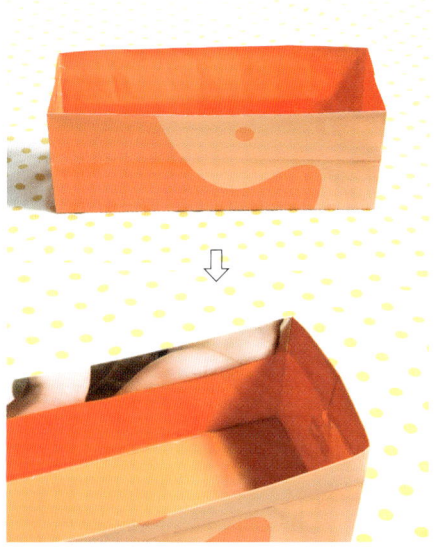

01 도톰한 쇼핑백을 준비한다.
02 서랍장 높이에 맞춰 윗부분을 자른다. 윗부분은 안으로 접은 후에 테이프나 스테이플러로 고정하면 훨씬 튼튼하다.
03 자른 쇼핑백에는 양말이나 속옷을 정리해보자. 서랍의 높이가 높다면 카디건이나 스웨터, 파카 등을 말아서 보관해도 좋다.

퍼즐 형태로 수납하기

목도리나 장갑, 수영복 등 한철에만 쓰는 계절 소품은 퍼즐 수납법을 이용해보자. 비슷한 사이즈의 상자를 이용해서 두세 줄로 수납한 뒤 계절마다 퍼즐 맞춰 끼우듯이 상자의 위치를 바꾸는 방법이다.

01 비슷한 사이즈의 상자를 준비한다.

02 서랍의 높이에 맞춰 상자를 자른다.
03 잠깐!! 상자 크기가 맞지 않을 때는? 원하는 크기로 조절할 것.
04 손이 닿기 쉬운 앞쪽 상자에는 시즌 중의 소품을, 안쪽 상자에는 철이 지난 소품을 수납한다.
05 계절이 바뀌면 퍼즐 끼우듯이 상자의 위치만 바꿔준다.

 tip

상자의 크기를 늘이거나 줄이기

상자의 크기가 수납 공간에 딱 맞지 않을 때는 직접 자르고 붙여 사이즈를 바꿔본다.

상자 줄이는 법
01 상자를 2등분한다.

02 빈 공간에 맞추어 상자를 겹친다.
03 넓은 박스 테이프로 튼튼하게 연결한다.

상자 늘이는 법
01 상자 크기가 작다면, 먼저 서랍장 높이에 맞추어 상자를 자른다.
02 상자를 4등분한다.
03 풀칠을 한 후, 두꺼운 종이를 끼워준다.

철 지난 옷 수납법 :

수납에는 부피 줄이기가 필수! 계절이 바뀌면 옷장 안은 철 지난 옷들이 섞여서 더욱 복잡해집니다. 철 지난 옷들을 정리할 때는 구김 없이 부피를 줄이는 데 중점을 두어서 정리하세요. 계절 중에 잘 안 입었던 옷을 추려서 과감히 처리하면 옷장 안도 훨씬 넓어질 거예요. 하지만 더욱 중요한 것은 평소에 계절별로 옷을 나누어 정리하는 습관이겠죠?

옷 수납 아이디어!

스타킹은 페트병에 보관한다

겨울 스타킹은 부피도 크고 접기도 힘들어 섞여 있으면 원하는 길이의 스타킹을 찾기가 어렵다. 서랍장이 좁다면 계절이 지난 스타킹은 모아서 따로 보관해보자.

01 먼저 스타킹을 사각형으로 접은 뒤 길이별로 구분한다. **02** 페트병의 앞면을 가위로 자른다. **03** 판탈롱, 밴드, 팬티 등 길이별로 구분해서 넣는다. **04** 스타킹 페트병은 옷장의 데드 스페이스에 후크를 붙여서 달아보자. 다른 스타킹을 뒤지지 않아도 원하는 스타킹만 깔끔히 찾을 수 있다.

idea 02 옷 커버를 활용한다

걸어놓는 옷은 전용 옷 커버를 이용해서 부피를 줄여보자. 코트나 점퍼, 블라우스 류 등 같은 종류의 옷끼리 모아서 옷걸이를 리본으로 묶은 뒤 옷 커버를 씌운다.

옷걸이나 옷 커버의 잘 보이는 부분에 테이프로 라벨을 붙이면 훨씬 찾기 쉬워진다.

패딩류는 쇼핑백에, 스웨터는 상자에 보관한다

부피가 큰 패딩 소재의 옷은 옷걸이에 걸면 공간을 많이 차지하고, 게다가 솜이 아래로 쏠릴 수도 있다. 정리 상자에 쇼핑백을 넣은 후 패딩을 접어서 보관한다. 숨을 죽인 뒤 쇼핑백에 넣는 것만으로도 부피가 훨씬 줄어든다. 이때 바닥에 신문지를 깔면, 습기가 차지 않는다. 부피가 큰 겨울 스웨터는 돌돌 말아서 상자에 정리해보자. 말아서 보관하면 옷에 주름도 안 지고 부피도 줄어든다

침구 정리법 :

보송보송 깨끗한 이불을 덮으면 잠이 저절로 오지요? 하루 3분의 1의 시간을 보내는 침구류는 소재의 특성을 잘 파악하고 이에 맞추어 세탁 & 수납하는 요령이 필수랍니다.

idea 01 소재에 맞추어 세탁 건조한다

면·합성섬유 이불 세탁기에 일반 세제와 표백제를 사용해서 세탁한다. 30분간 불린 후 헹굼 3회 + 탈수 2회를 거친다.

오리털 이불 알칼리 세제를 사용하면 오리털이 상할 수 있다. 꼭 중성 세제를 사용하고 30분 불림 + 헹굼 3회 + 탈수 2회를 거친다.

울 이불 홈드라이 세제에 손세탁한 후 탈수한다.

'솜이불은 위쪽에!'

위 칸 자주 덮는 이불

'요는 아래쪽에'

아래 칸 철 지난 이불

idea 02 햇볕에 건조하기

이불은 일수일에 1회 이상 햇볕에 내어놓아 소독한다. 오전 10시~오후 3시 사이가 좋은데, 양쪽 면을 각 한 시간씩 말린다. 햇볕을 보면 습기가 제거되는 한편으로 집먼지 진드기까지 없앨 수 있어 일석이조다. 말린 후에는 두드리거나 청소기를 이용해 남은 먼지를 제거한다.

idea 03 이불 수납의 순서

이불을 청결하게 보관하기 위해서는 현재 덮는 이분과 철이 지난 종류를 분리해서 수납하도록 한다. 일반적으로 이불 수납공간은 두 칸으로 나뉘어 있게 마련. 선 채로 자연스럽게 이불을 정리할 수 있도록 위 칸에는 자주 덮는 이불을, 그리고 아래 칸에는 철 지난 이불을 분류해서 수납한다. 또 요는 아래쪽에, 솜이 많이 들어간 두툼한 종류의 이불은 위쪽에 수납해야 덜 눌린다.

idea 04 철 지난 이불의 부피를 줄이려면?

압축백이나 부직포 커버를 이용하면 이불의 부피를 줄일 수 있다. 단, 소재에 맞는 수납용품을 잘 선택해야 한다. 천연 소재의 오리털 이불은 눌린 채 몇 달을 수납하면 깃털이 손상되어 처음 상태만큼 부풀지 않고 그만큼 보온성도 떨어질 수 있다. 고가의 천연 소재 이불은 부직포 커버에 넣어 수납하며, 압축백을 이용할 경우에는 압축의 강도를 줄이도록 한다.

idea 05 패드는 어떻게 정리할까?

얇은 패드와 베갯잇은 이불과 함께 보관하면 이불장 구석에서 자칫 미아가 되어버리기 쉽다. 패드와 베갯잇, 자잘한 무릎 담요들은 이불장 서랍에 말아서 정리한다. 특히 서랍 중간에 바구니를 넣으면 서랍칸이 세 곳으로 구분되어서 종류별 수납이 가능하다. 부피가 작은 베갯잇이나 소품은 바구니에 정리해도 좋다. 종류마다 라벨을 붙여 구분하는 것도 잊지 말 것.

try it!! 용도에 맞는 압축백을 골라보자!

이불을 압축하면 1/3 이상 부피가 줄어 공간을 확실히 절약할 수 있다. 단 오리털 이불이나 양모 이불 등 천연 소재의 이불은 피한다. 이불 압축백은 밸브의 형태에 따라 여러 종류가 있다.

보급형 밸브가 없어서 압축한 뒤 재빨리 지퍼를 닫아야 한다. 압축 후에 바람이 잘빠지지 않는 장점이 있다.

고급형 밸브가 있어서 압축을 하기 편하다. 밸브를 통해 바람이 점차 빠져서 이불이 다시 부풀어 오르는 경우에는 밸브 위에 넓은 테이프를 붙이면 된다.

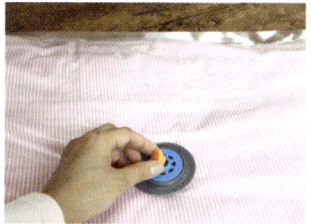

마개형 밸브에 마개를 달아 바람이 빠지는 단점을 줄일 수 있는 제품이다.

종류별 수납 아이디어

item 1. 압축백 활용법
이불을 용도별, 계절별로 분류해 압축해야 개봉 횟수를 줄일 수 있다. 압축한 후에는 사용 빈도별로 정리한다. 자주 덮는 이불은 위에, 잘 덮지 않는 이불은 아래에 정리한다.

자주 덮는 이불

잘 덮지 않는 이불

정리한 후에는 라벨을 붙인다. 압축한 이불은 잘 구분이 안 되기 때문에 압축할 때 이불의 종류를 라벨에 꼼꼼히 쓴다. 네임 펜으로 불투명 테이프 위에 써도 좋다.

item 2. 솜이불 수납법
솜이불은 빙글빙글 만 후 끈이나 벨트로 감아서 수납한다. 많이 눌리지도 않으면서 부피도 훨씬 줄어든다. 감은 이불은 이불장 측면에 세워두면 꺼내기도 편하다.

item 3. 시트는 옷걸이에
자주 세탁하는 시트는 부피가 작아서 이불장 구석에 숨어버리기 쉽다. 세탁을 마친 깨끗한 시트는 옷걸이에 걸어서 행어에 걸어둔다. 위생적일 뿐 아니라 정리하기도 쉽고 찾기도 편하다.

item 4. 베개의 정리는 이곳에!
베개는 따로 정리할 만한 공간이 없어서 이불장 여기저기에 끼워두기 마련이다. 데드 스페이스가 되기 쉬운 위쪽 공간에 압축봉 2개를 달고, 베개나 얇은 이불을 정리해보자. 더불어 이불장 공간을 둘로 나누어 훨씬 효율적으로 이용할 수 있다.

기능성 공간, 드레스 룸을 갖추고 싶다면 이렇게 준비하세요

옷 수납하기 힘들죠? 특히 옷의 양이 많아서 옷장만으로 수납이 부족해 옷장 주위에 옷이 흐트러져 있으면 방도 어수선해 보이고, 옷도 찾기 어렵지요. 옷이 많아서 고민이라면 방 하나를 과감히 드레스 룸으로 꾸며보세요. 장롱이 적어 여기저기 박스와 행어에 흩어져 있던 옷을 모두 모아서 수납하면 옷 관리가 쉬워져요.

털팽이가 주부 컨설턴트로 활동하고 있는 LG화학 디스퀘어의 '워크 인 클로젯(Walk in Closet)' 제품을 한 번 들여다볼까요? 고급스러운 월넛 컬러와 실버 메탈이 조화를 이루어 고급스럽고 깔끔한 드레스 룸이에요. ㄷ자 형태로 제작되어 공간을 최대한 활용할 수 있지요. 보통 드레스 룸이 많은 공간을 차지한다고 생각하기 쉬운데, 작은방 하나면 충분히 설치할 수 있어요. 기존의 장롱 공간이 비게 되어 안방을 훨씬 넓게 쓸 수 있고요.

드레스 룸은 옷장과 달리 벽 대신 알루미늄 기둥이 있는 형태여서 공간을 절약할 수 있답니다. 옷 봉과 선반의 높낮이도 자유롭게 조절할 수 있어 본인이 가진 옷의 종류에 따라 다양하게 활용할 수 있어요. 가구에서는 활용하기 힘든 코너 부분도 오각형으로 디자인되어 쉽게 활용할 수 있지요. 또한 서랍장이 칸칸이 나뉘어 있어 액세서리나 넥타이를 섞이지 않게 수납할 수 있어요.

이렇게 장점이 많은 드레스 룸도 꼼꼼히 수납해야 100% 활용할 수 있어요. 가장 중요한 점은 사용하기 편한 위치를 파악하는 거예요. 들어가면 바로 보이는 쪽과 양쪽의 중앙 부분이 사용하기 편한 위치예요. 반대로 코너 자리와 양쪽의 왼쪽 면은 사용하기 불편한 위치예요. 사용하기 편한 위치에 자주 입는 옷을 수납하고, 사용하기 불편한 위치에는 계절이 지난 옷을 보관하세요.

"털팽이는 지난 2월부터 LG화학의 주부 커뮤니티 '지엔느에서 활동하고 있어요. 지엔느는 인테리어에 재능이 있는 주부들로 구성된 커뮤니티로 LG화학의 Z:IN 브랜드를 홍보하고 있으며, 정기적으로 다양한 인테리어 교육도 받고 있어요. 털팽이는 수납에 관심이 많아서 신제품을 홍보할 때나 전시장을 관람할 때도 수납의 측면에서 제품을 보게 되더라고요. 요즘의 수납 가구들은 구조적으로 데드 스페이스로 남는 공간들까지도 활용할 수 있게 디자인되어 있어요. 지나치기 쉬운 10cm의 공간마저 활용하는 최고의 수납 가구들의 비법을 보다 보면 어느새 우리 집 공간에도 다양한 방법으로 응용해보는 지혜가 생기게 된답니다."

LG화학 전시장 디스퀘어의 워크인 클로젯(walk in closet).

space 2 : 주방

파란 하늘 아래 하얀 집을 연상케 하는 앤티크 스타일의 외형과는 달리, 초현대식의 기능을 두루 갖추고 있는 이탈리아 'NOLTE'사의 주방 가구 '로만티카(ROMANTICA)'. 데드 스페이스로 남기 쉬운 코너에 360도 회전하는 웨이브 무빙 선반을 설치하여 공간의 효율성을 극대화했다. 디스퀘어에 전시되어 있다.

주방 수납의 정석

주방이 제대로 정돈되지 않으면 원하는 재료와 도구들을 찾기 힘들어, 요리를 할 때도 많은 시간이 걸린다. 주방 살림을 종류별로 구분해 적재적소에 배치하는 요령을 익혀보자.

step 1 종류별로 나누기

우선 주방 살림들을 모두 꺼낸 후 같은 종류끼리 분류하는 것부터 시작하자. 크게 식품과 양념류, 식기류와 밀폐용기, 각종 조리도구와 소품, 주방용 가전제품으로 나눌 수 있다. 같은 종류의 물건을 한곳에 모아서 수납하면 요리할 때에도 시간이 훨씬 절약된다.

식기류와 밀폐용기
식품과 양념류
주방용 가전제품
조리도구와 소품

step 2 처분할 물건들 골라내기

버릴 것과 정리해 넣을 것을 현명하게 판단해야 하는 중요한 단계!

버리기 좁은 주방의 수납이 고민된다면, 먼저 사용하지 않는 물건부터 과감히 처분해보자. 쓰지 않는다면 나눠주거나 버리고, 가끔 사용하는 물건이라면 용도별로 분류한 후 수납 박스에 넣어서 베란다에 보관한다. 이렇게 가족이 현재 사용하는 적당한 규모의 살림살이 이외에는 과감히 다이어트할 것.

고르기 예를 들어 주방용 소품의 경우, 4인 가족을 기준으로 할 때 국자 2개, 밥주걱 2개, 프라이팬 뒤집개 1개, 집게 2개, 튀김 젓가락 2개, 부엌칼·과도 2개씩, 채칼 1개, 도마 2개, 오프너 1개, 빨대 10개, 요구르트용 수저 5개 등등. 이런 식으로 필수적인 아이템과 수량의 기준을 세운다. 필요한 물건의 대상에서 제외된 것들은 과감히 처분할 것! 살림살이 없애는 것을 아까워하는 대신, 이들 때문에 조리 공간을 빼앗기는 것이 훨씬 아깝다고 생각을 바꿔보면 어떨까?

상부장 상단
가끔 쓰면서 공간을 많이 차지하는 물건
= 꺼내 쓰기 다소 불편한 곳

상부장 하단
자주 사용하는 물건
= 꺼내 쓰기 쉬운 곳

자주 사용하는 물건
= 꺼내 쓰기 쉬운 곳

하부장

하부장 깊숙한 곳
가끔 쓰면서 공간을 많이 차지하는 물건
= 꺼내 쓰기 다소 불편한 곳

구역 나누기 step3

수납할 물건이 추려졌다면, 이들을 본격적으로 정리할 수 있는 적합한 공간을 지정한다.

3종 분류!
우선은 주방용 제품들을 크게 세 가지로 구분해보자.
매일 사용하는 물건 일상적인 조리에 필요한 물건
예) 냄비, 밥솥, 프라이팬, 부엌칼, 도마, 가위, 국자, 집게, 주걱, 세제 등
가끔 쓰는 물건 특별한 용도에 가끔 사용하는 물건
예) 김말이, 우동젓가락, 와인 오프너, 초밥틀, 칼갈이, 절구 등
수납하기 힘든 물건 공간은 많이 차지하는 한편, 자주 사용하지는 않는 물건
예) 주서, 믹서, 요구르트 메이커, 곰국 냄비, 김장 대야 등

지정석 정하기
싱크대에서 사용하기 가장 편한 공간은 서서 물건을 쉽게 꺼낼 수 있는 상부장 하단과 하부장이며 그 다음이 상부장 상단과 하부장 깊은 곳이다. 싱크대에 물건을 수납할 때에는 다음과 같은 원칙대로 수납해보자.

정리하기

step4

식품류에서 가전제품까지, 주방에 정리해야 할 다양한 아이템에 맞는 수납 제품들 그리고 페트병, 박스 등의 재활용품을 적절히 이용한다. 동선을 고려한 효율적인 위치와 꺼내기 쉬운 편리함을 모두 고려해서 정리하는 것이 포인트.

step5

라벨 붙이기

적재적소의 수납을 마친 후에는 역시 라벨 붙이기로 각각의 자리를 다시 한 번 정리해준다. 주방 역시 똑같은 이치로, 라벨을 붙여두면 사용하고 난 후에 다시 제자리를 찾아 정리할 수 있으므로 정돈된 상태가 오래 유지된다는 사실.

1. 재료를 씻고 다듬는 개수대
2. 조리하는 공간
3. 바로 손을 뻗어 조미료나 양념을 꺼낼 수 있는 정리장 코너
4. 본격적으로 조리하는 가스레인지
5. 식기를 수납한 공간
6. 차려내는 테이블 코너

동선을 제대로 알면 조리 과정이 두 배 편해져요!

주방의 형태, 또는 개인적인 습관에 따라 요리할 때의 움직임에도 하나의 패턴이 생기지 않나요? 이런 점을 최우선으로 고려해서, 주방 내에서의 동선에 맞추어 여기저기 정신없이 움직이지 않아도 되는 수납 아이디어를 마련해보세요. 한 곳에서 손을 뻗으면 필요한 조리도구를 바로 잡을 수 있도록 배치하는 요령이 관건일 것입니다. 일반적으로 요리를 할 때에는 개수대에서 재료를 다듬은 뒤 조리대에서 본격적으로 요리를 만들고, 다음으로 식기장에서 그릇을 꺼내어 식탁에 음식을 차리겠지요. 수납이 잘 되어 있는 주방은 이 모든 과정이 불편함 없이 진행되도록 물건들이 배치되어 있답니다. 그만큼 요리 시간이 절약되고, 산만한 정신도 여유로워질 수 있겠지요. 예컨대 개수대 주위에는 냄비, 볼 등 재료를 다듬어서 씻을 수 있는 도구들을 수납하고, 설거지를 마친 식기와 컵을 일차적으로 정리하는 코너를 마련한 것도 이러한 이유 때문입니다. 마찬가지로 가스레인지 주변의 수납공간에는 조미료와 프라이팬, 각종 조리도구, 튀김기와 식용유 등 조리와 직접 관련된 용품들을 수납해둔다면 조리 시간을 또 한 번 단축할 수 있을 것입니다.

한정된 규모의 주방 수납 공간을 최대한 여유롭게 이용할 수 있는 정리의 기술.
다양한 소품들을 이용한 아이디어를 우리집 주방에도 응용해보자.

idea 01 식기류 정리로! 나만의 시스템 수납장 꾸미기

아래에 놓인 그릇 하나를 빼내기 위해서 위쪽 그릇들을 모두 꺼내야 한다면? 귀찮은 것은 물론이거니와 애써 정리한 그릇들이 한 번에 흐트러지기 십상이다. 각종 식기를 종류에 따라 정리해 꺼내기 쉽고 효율적인 정리가 돋보이는 맞춤식 수납 아이디어를 알아보자.

접시는 세워서 정리한다

접시(플레이트) 종류의 식기를 층층이 포개어 수납하면 아래에 놓인 접시를 꺼낼 때마다 위쪽 것들을 모두 들어내야 한다. 따라서 필요할 때마다 하나씩 손쉽게 꺼낼 수 있도록, 접시꽂이에 세워서 수납하는 것을 원칙으로 한다. 평평한 접시 종류는 천원숍에서도 손쉽게 구할 수 있는 '원목 접시꽂이'에, 프라이팬이나 대접시는 박스형 접시꽂이에 정리하면 편리하다. 경우에 따라서는 'A4 파일함'도 접시꽂이로 이용해볼 수 있다. 튼튼하고 안정적인 만큼 큰 접시는 물론 프라이팬, 도마까지도 세워서 정리할 수 있다.

예비용 식기는 별도 보관한다

식기는 매일 이용하는 것과 예비용으로 분류하는 것이 기본! 제사와 명절, 집들이와 파티 등, 특별한 날을 위해 마련해둔 예비용 식기와 수저 종류는 별도로 보관하는 것이 좋다. 예비용 식기까지 한곳에 보관할 수 있다면 좋겠지만, 주방 수납공간이 넓지 않다면 별도의 장소를 마련해 따로 보관하는 것이 현명한 선택이다.

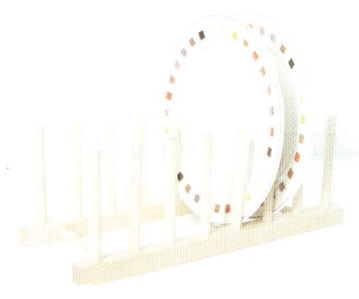

공기 전용 트레이를 마련한다

공기와 대접류는 종류별로 쌓은 후 트레이에 정리하는 것이 포인트. 트레이를 당기기만 하면 안쪽의 그릇들도 손쉽게 꺼낼 수 있다. 이런 용도로 이용하는 트레이는 높이 쌓은 밥공기와 국그릇이 넘어지지 않도록, 깊이가 있고 잡아당길 수 있는 손잡이가 달린 제품을 구입하도록 한다.

100% 맞춤 식기장을 완성한다

● 접시꽂이와 ㄷ자 선반 등을 이용해, 그릇마다의 사이즈에 맞고 손쉽게 꺼낼 수 있는 수납공간을 마련해둔다.
● 가장 안쪽의 공간에는 자주 사용하지 않는 유리병 제품들을 정리해도 좋다.
● 소스 그릇은 폭이 맞는 트레이에 정리한다. 물론, 잡아당기면 안쪽의 그릇도 꺼내기 쉬운 것이 특징이다. 이러한 아이디어 수납공간을 내 힘으로 완성하면 고가의 주방가구가 절대 부럽지 않은, 나만의 맞춤 수납장이 완성된다.

뒤죽박죽 수납용기, 꺼내기 편한 스타일로 정리하기

밀폐용기는 싱크대 안의 기본 수납공간을 많이 차지하지 않는 한편,
원하는 크기의 것들을 바로 손쉽게 집어들 수 있도록 정리하는 것이 관건이다.

- 높은 곳의 보관은 높이 있는 바구니를 이용한다.
- 뚜껑은 닫아서 함께 보관한다. 용기와 뚜껑을 따로 보관하면 오히려 사용하기 불편하다.
- ㄷ자 선반으로 편리성을 높이자!
- 같은 용량의 용기는 세로 열로 정리한다.

사용 않는 밀폐용기? 바로 처분하자!
오래되어 변색되고 뚜껑이 없는 등 외적으로 문제가 있는 용기부터 처리한다. 사용하지 않는 밀폐용기는 수납에 활용해보자.

용량이 큰 용기?
베란다 등 다른 공간에 보관한다. 좁은 주방공간을 밀폐용기에 빼앗기지 않도록, 꼭 필요한 양만큼만 주방에 수납하는 것이 기본이다.

자주 이용하는 작은 밀폐용기는 서랍 속으로!
서랍을 이용하면 안쪽 물건들까지 한눈에 쉽게 보이는 만큼, 원하는 사이즈의 용기를 재빨리 찾아낼 수 있다.

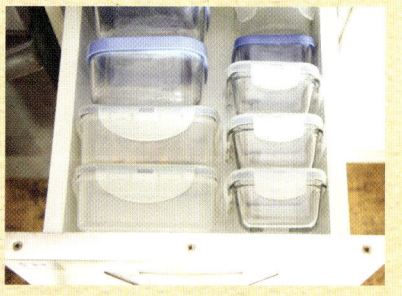

높은 곳 보관은 높이 있는 바구니를 이용한다.
플라스틱 밀폐용기는 매우 가벼우므로, 바구니 통째로 꺼낼 수 있는 디자인이 사용하기에 훨씬 편하다. 이때, 바구니는 높이가 있고 손잡이까지도 있다면 한층 편리할 것이다.

**idea 02 물컵·우유컵·주스컵·맥주컵!
대단한 양만큼 효과적으로 수납한다**

종류가 개수가 많은 컵들도 수납 아이디어를 이용하면 문제없이 정리된다. 좁은 공간에서도 손쉽게 꺼낼 수 있고, 장식미까지 고려한 효율적인 정리 방법을 알아보자.

제자리를 정해보자

컵은 우선 종류별로 구분한 후 트레이나 맞춤형 상자에 수납해서 라벨을 붙여준다. 처음 시스템을 만들 때는 다소 번거로울 수 있지만, 일단 컵 수납 시스템이 자리를 잡으면 컵을 사용한 후에 다시 제자리에 놓기 편하기 때문에 항상 처음 정리한 상태 그대로 유지할 수 있다.

같은 종류라면? 세로로 정리한다

안쪽에 있는 컵을 꺼내려면 바깥쪽의 컵들을 꺼내야 하는 번거로움 때문에 차츰 안쪽의 컵들은 이용하지 않게 된다. 같은 종류의 컵은 가로로 진열하는 대신, 세로로 진열해서 편리성을 도모한다.

곳곳의 데드 스페이스, 찾아보자!

높이가 제각각 다른 다양한 사이즈의 컵들을 수납하다 보면, 어떤 경우에는 위쪽으로 데드 스페이스가 생기게 마련이다. 이러한 여백에는 'S자 고리'를 부착해보도록. 커피잔은 위쪽에 올리고, 접시는 아래쪽에 정리할 수 있다. 방법 역시 매우 간단하다. 압축봉을 매단 후 여기에 S자 고리를 걸면, 곧바로 위쪽 공간까지 활용할 수 있다.

트레이를 이용한 컵 정리대

컵을 트레이에 보관하면 안쪽에 있는 컵까지도 쉽게 꺼낼 수 있다. 즉, 높이가 있는 다양한 컵이나 컵받침은 종이상자로 각각의 맞춤 트레이를 만들어 수납해볼 수 있을 것이다. 아래의 방법대로 따라해 보자.

01 컵에 알맞은 넓이의 종이상자와 시트지를 준비한다.
02 상자는 컵이 넘어지지 않을 정도의 높이로 자른다.
03 시트지나 포장지를 붙이고, 라벨을 부착한다.
04 내용물을 알 수 있게 라벨을 붙인다.

주방 최고의 지존!
냄비 & 프라이팬 깔끔히 보관하기

냄비, 프라이팬이 층층이 쌓여 있으면 매번 무거운 냄비를 들어야 해서 꺼내기가 힘들다. 냄비와 프라이팬은 하나씩 꺼내기가 쉽도록 다양한 수납 아이템을 활용해보도록 한다.

냄비는 개수대 아래, 프라이팬은 가스레인지 곁에 둔다

냄비는 개수대 아래에 보관해야 바로 꺼내서 재료를 씻고 물을 붓기 편하다. 마찬가지로 프라이팬은 가스레인지 주위에 두어 바로 불에 올려놓을 수 있게 한다. 동선 정리에 가장 효율적인 방법이다.

냄비는 꺼내기에 가장 편한 위치로!

냄비와 뚜껑을 따로 보관하면 꺼내 쓰기도 불편하고, 뚜껑을 따로 수납하는데도 공간이 필요해진다. 냄비는 뚜껑을 뒤집어 크기 순으로 쌓는데, 3개까지가 편리하게 꺼내 쓰기에 적당하다.

개수대 아래의 싱크-인(sink-in) 선반

배수관이 설치되어 있어 유독 수납에 활용하기 힘든 공간은? 바로 개수대 아래쪽. 이곳을 새로운 전용 선반으로 활용해보는 것도 아이디어다. 특히 이 공간의 경우, 냄비를 3단으로 구분해서 정리할 수 있는 만큼 꺼내어 사용하기에도 편리하다.

- 냄비는 편수, 양수, 뚝배기, 찌개냄비 등 종류별로 구분한 뒤 정리한다
- 개수대에서 사용하는 볼, 체, 세제도 정리한다
- 싱크대는 깊이가 깊은 만큼, 앞뒤로 나누어서 정리하는 것은 수납의 필수! 앞쪽에는 자주 사용하는 냄비를 놓는다.
- 정리가 끝나면 라벨을 붙인다.
- 안쪽에 있는 물건들도 항목별로 라벨에 꼼꼼히 적어서 수납한다.

조리도구 & 주방 소품들의 수납 노하우

조리도구는 모양과 크기도 가지각색이고 살림이 늘어날수록 양도 많아져 정리하기 힘든 아이템이다. 주방도구는 필요한 수만큼만 꺼내놓고 요리할 때 바로바로 꺼내 쓸 수 있도록 정리해보자.

조리도구, 이런 수납이 가능하다!

형태별로 분류한 후 칸막이를 만들어보자. 모양과 길이가 제각각인 조리도구는 형태별, 길이별로 구분하는 것이 첫 번째 과정이다. 길이가 서로 비슷한 조리도구들을 함께 수납한다면, 한층 효율적인 정리가 가능할 것이다.

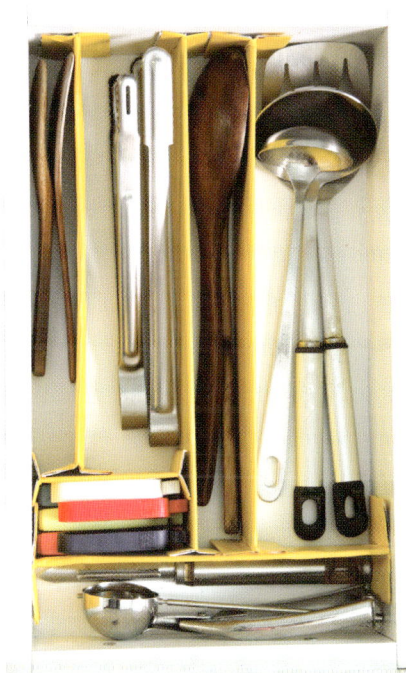

01 칸막이의 폭을 잰 다음, 도톰한 박스 종이를 이용해 'H형 칸막이'를 만든다. 우선 세로는 공간에 필요한 길이에 5~6cm를 더하고, 가로는 필요한 길이의 두 배를 재단한다. 가로로 반 접은 후, 벽을 지지할 세로 양쪽을 벌리고 스테이플러로 고정한다.
02 취향에 맞는 색지나 시트지를 붙여 정리한다.
03 테이프나 풀로 고정하면 완성!

대롱대롱, 매달기 수납법

01 랩 상자는 안쪽으로 문구점에서 파는 강력 자석을 붙인 뒤 냉장고에 고정해서 사용한다.

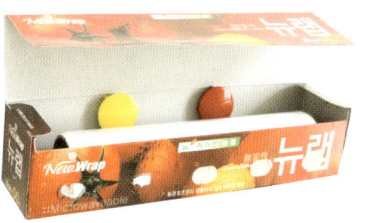

02 수납 선반의 하단에는 양면 테이프나 압정을 이용해 우유팩을 고정한다. 여기에 랩이나 알루미늄 포일을 넣어 달고, 위생장갑 역시 부착해서 이용한다.

통 속에 넣을 때는?

자주 사용하는 조리도구들을 한데 모아, 통 속에 꽂아서 수납해보자. 매달아두는 것보다 꽂아서 사용하는 것이 한층 편하고 단정해 보인다. 조리도구함은 요리하는 데 편리하도록 조리대 옆에 둔다.

부피 적은 소품의 수납은 이렇게!

자잘한 크기의 각종 소품 종류는 우선 아이템별로 나눈다. 수저용 트레이를 이용해서 정리하는 것이 포인트.

idea 05 수저 & 포크의 수납법

한번 섞이면 찾기 어려운 것이 바로 수저와 포크. 페트병이나 서랍 속 정리함을 이용해서 종류별로 분류하는 것이 포인트다.

수저 전용 트레이를 이용한다

2단으로 쌓을 수 있는 정리함을 구입하면 공간을 효율적으로 이용할 수 있다. 남는 공간은 비디오테이프 케이스나 요구르트병, 면봉함 등을 이용해 티스푼, 포크, 과일꽂이 등을 수납한다.

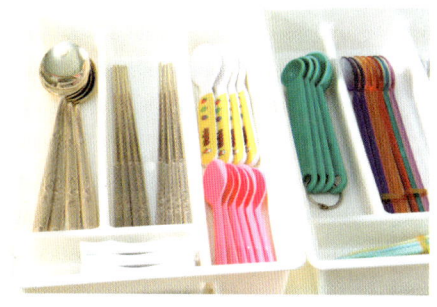

철사나 고무줄을 이용한다

자주 사용하지 않는 수저의 경우에는 철사나 고무줄을 이용, 종류별로 묶어두면 덜 흐트러진다.

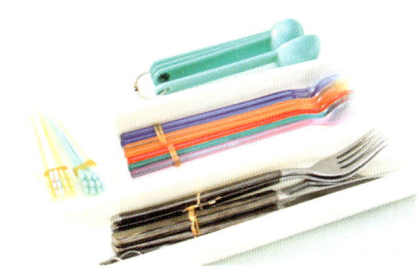

문구용 서랍을 이용한다

서랍이 낮은 문구용 서랍을 이용해보자. 종류별로 꺼내기 쉽다.

try it!!

페트병을 이용한 컵 정리대

층층이 쌓을수록 넘어지기 쉬운 컵들. 페트병 정리대로 천하무적 수납 코너를 마련해보자.

01 컵이 들어갈 만한 적당한 크기의 페트병과 칼, 가위, 데코 테이프를 준비한다.
02 칼로 페트병의 윗부분을 자른다.
03 가위로 양쪽에 U자 형태로 홈을 판다
04 데코 테이프로 가장자리를 두르면 더욱 안전하고 예쁘게 사용할 수 있다
05 컵 손잡이를 지그재그로 걸쳐 쌓는다.

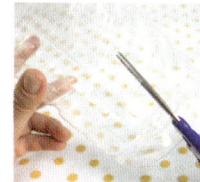
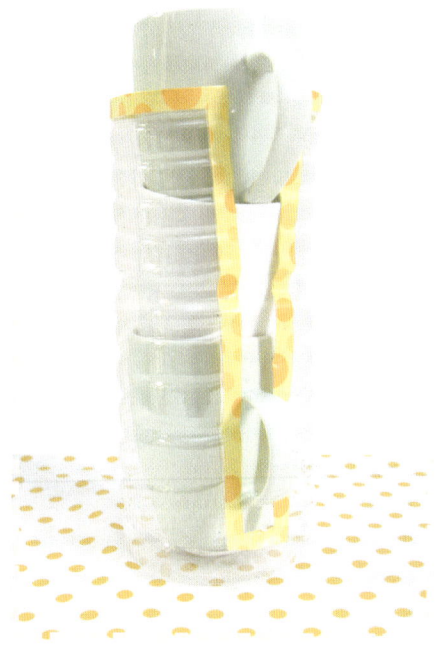

식료품 수납법

요리할 때 꼭 필요한 조미료는 조리대 근처에 수납한 뒤 한눈에 구분할 수 있도록 라벨을 붙여 수납해보자. 요리가 훨씬 빨라진다.

조미료는 한 곳에 모아둔다
조미료가 흩어져 있으면 요리하는 시간이 많이 걸린다. 나물 한 접시 무치려는데 고춧가루 가지러 베란다에, 깨 가지러 냉장고에 가야 한다면 요리 시간이 길어질 수밖에 없다. 조미료는 요리 중 한손으로 꺼낼 수 있는 반경 안에 수납한다.

분말 조미료는 서랍에 넣는다
설탕, 소금, 후춧가루 등 가루 형태의 조미료는 조리대 아래 서랍에 수납한다. 한눈에 분류할 수 있게 뚜껑에 라벨을 붙이고 높이와 폭이 맞는 사각 용기를 이용한다.

높이 있는 병은 싱크대 상단에 수납한다
양념병을 싱크대 하단에 수납하면 꺼낼 때마다 허리를 굽혀야 한다. 양념병은 허리를 굽히지 않고 선 채로 꺼낼 수 있는 싱크대 상단에 수납한다. 특히, 조리대 기준으로 하단 서랍에는 분말 조미료를, 상단에는 높이 있는 병을 수납하면 동선이 한결 간편해진다.

액체 조미료는 쟁반에 정리한다
액체 조미료는 안의 조미료가 한눈에 보일 수 있도록 키순으로 일렬로 세운 뒤, 쉽게 꺼낼 수 있도록 쟁반에 정리한다. 쟁반 바닥에 알루미늄 포일을 깔면 더러워져도 쉽게 제거할 수 있다.

적당한 폭의 트레이에 정리하면 안쪽의 병들도 쉽게 꺼낼 수 있다
가스레인지 옆에서 사용하는 조미료는 높이에 맞게 우유팩을 잘라서 연결한 뒤 넣어두면 깔끔하게 사용할 수 있다.

봉지집게를 이용한다
자주 사용하는 밀가루, 부침가루, 튀김가루, 전분 등의 재료는 전용 용기를 만들어 보관한다. 설탕, 소금 등 가루가 날리지 않는 것들은 봉지집게를 이용한다.

know how * LABEL

예쁘고 실용적인 나만의 라벨 만들기 & 활용법

항상 대충 대충이었던 털팽이가 수납의 달인이 된 가장 큰 비결은? 바로, 라벨 활용에 있다. 사용한 후 아무 데나 쑤셔 박는 습관이 있었던 사람이라도, 일단 물건의 자리를 정해 라벨을 붙여놓으면 제자리에 두는 습관이 생겨난다. 어떻게 만들어서 어디에 붙이면 좋을까? 차근차근 배워보도록 하자.

라벨이 뭐예요?

"털팽이님, 블로그 보고 많은 도움이 되었어요. 우선 냉장고부터 이름표를 만들어서 달았어요. 그러니까 냉장고 물건들이 훨씬 찾기 쉬워졌어요. 시간이 좀 걸리긴 하겠지만 이런 식으로 집 안을 모두 정리하면 좀 더 편리하고 깔끔한 집을 만들 수 있겠죠?" (은기호 맘)

털팽이 블로그 이웃들은 라벨 이야기를 듣고 또 털팽이에게 라벨은 어떻게 만드는지 묻는다. 털팽이도 전문적인 책이나 자료를 보고 배운 것은 아니어서 라벨을 아름답게 만들지는 못한다. 털팽이는 자신의 집만 정리하다가 처음으로 시댁을 정리해드린 적이 있었다. 정리가 끝나갈 무렵 털팽이는 자신이 정리해서 여기저기에 옮겨둔 살림을 시어머님께서 찾지 못하실 것이라는 생각에 라벨을 한 번 붙여보자고 생각했다. 처음에는 종이에 볼펜으로 써서 붙였는데, 작아서 안 보인다는 시어머님의 말씀에 이번에는 컴퓨터를 이용해 큼직하게 뽑아보았다. 그랬더니 특히 양념병에 붙인 라벨은 눈에도 잘 띄어 찾기에도 여간 편해 것이 아니었다. 이렇게 집 안 살림 하나 둘씩 라벨을 붙였더니, 예전과 달리 정리한 상태가 오래 유지되고 가족들 또한 물건을 사용한 후 제자리에 두는 것이 아닌가!
물건을 제자리에 두지 않는 이유는 물건이 돌아가야 할 자리에 대한 인식이 없기 때문이다. 1:1로 자리를 정한 후 라벨을 붙이면 다시 한번 지정을 해주는 효과가 있어 물건이 언제나 제자리로 돌아오게 된다. 반대로 비워진 공간에 라벨이 없으면 그 자리에 다른 물건을 넣게 되어, 한 번 정리한 상태가 쉽게 흐트러질 우려가 있는 것이다.
또 다른 의미로, 라벨을 붙이는 것은 우리 집 살림 하나하나에 이름을 붙여주는 소중한 작업이기도 하다. 라벨 붙이는 작업이 다소 번거로워 보일 수 있지만, 하나 둘 붙여둔 라벨을 일상적으로 접하다 보면 내 스스로 정리한 공간에 더 큰 애정을 느낄 수 있다.

기본 라벨 만들기

컴퓨터를 이용해 만든, 읽기 쉽고 깔끔한 느낌의 라벨 만들기. 면적에 따라 서체와 크기에 다양한 변화를 주는 것이 포인트이다.

step 1
손글씨 대신 컴퓨터로 작업하기

수납 용도로 만든 라벨은 눈에 잘 띄고 깔끔해야 한다. 아무리 멋있어 보여도 읽기가 힘들다면 실용성이 떨어진다. 털팽이는 기본적으로 라벨을 워드 작업해 프린터로 출력해서 사용하는데, 손으로 쓴 라벨보다 눈에 잘 띄고 깔끔하기 때문이다.

step 2
붙일 면적을 고려해 글자 크기 조절하기

라벨은 보통 한글 프로그램(아래아한글)에서 작업하는데 폰트(p)를 먼저 결정한 후 붙일 면의 크기에 맞춰 글자 크기를 조절한다. 보통 20p에서 80p까지 다양한 크기로 쓰고 있다.

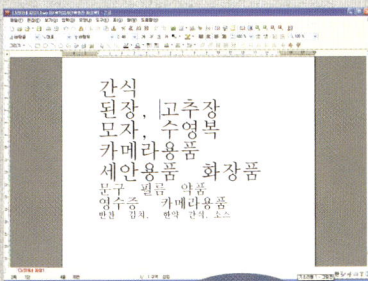

step 3
서체 선택하기

라벨의 분위기를 결정짓는 데는 서체도 중요하다. 명조체나 고딕체를 사용하면 눈에 잘 띄어서 읽기 쉽다. 하지만 라벨 자체가 다소 딱딱한 느낌을 줄 수 있으므로 깔끔하면서도 자유로운 느낌을 주는 글씨체를 이용하면 좋을 것이다. 털팽이는 요즘 '산돌광수체'와 '디지영이체', '바다체', '옆서체' 같은 깔끔한 손글씨 스타일의 서체를 즐겨 이용한다. 크라프트지로 만들 때는 다양한 타자체를 사용하는 것도 좋다.

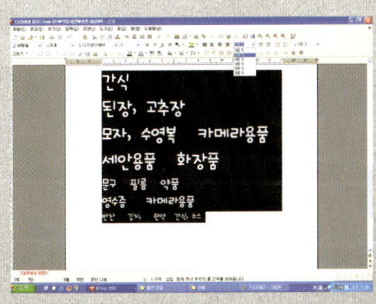

step 4
줄 간격 조절하기

라벨을 만들 때는 줄 간격을 120% 정도로 조절하면 적당하다. 라벨은 한 장에 가득 작성한 후 출력한다. 출력한 라벨은 칼로 반듯하게 자른다.

step 5
테이프로 붙이기

라벨은 떼어낸 후에 흔적이 남지 않는 것이 좋다. 그래서 풀이나 글루건보다는 넓은 테이프가 적당한데, 자른 라벨을 넓은 테이프로 코팅하듯이 붙이면 좋다.

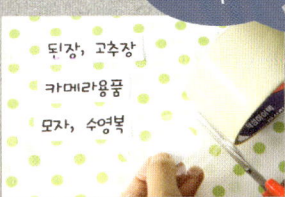

업그레이드 라벨 만들기

모든 공간과 수납 아이템에 똑같은 라벨을 붙이는 것이 심심하게 생각된다면?
쉽게 구할 수 있는 이색 재료들을 활용해서 개성 담은 스타일로 만들어보자.

style 01 티 나는 것이 싫은 경우
투명 라벨지 활용하기

흰 종이에 알록달록 쓴 라벨이 싫다면 투명 라벨지를 이용하는 것도 좋다. 투명 라벨지는 대형 문구점에서 구할 수 있는데 10장 묶음을 4천원 정도에 구입할 수 있다.

01 아래아한글이나 MS워드 같은 한글 프로그램을 이용해 라벨 문서를 작성한 후 투명 라벨지에 출력한다. 이때 비닐 면이 아래쪽으로 향하게 한다.

02 출력한 용지는 자를 이용해 반듯하게 자른 후 뒷면의 종이를 떼고 붙인다.

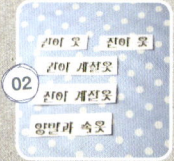

03 이때 프린트한 면이 번질 수 있는데 별도의 코팅지를 이용하거나 윗면에 테이프를 붙이면 이를 방지할 수 있다.

style 02 일상 살림살이의 이색 활용
빨래집게 라벨

옷은 다른 물건들과 달리 계절마다 3~4개월 주기로 바꿔주어야 하고, 큰 옷 한 벌만 걸어도 옷걸이의 위치가 변하기 때문에 옷장 안의 라벨은 좌우로 움직이고 탈착할 수 있게 만드는 것이 좋다. 행어에 건 옷들에 응용하면 좋을 것이다.

01 아래아한글에서 세로쓰기를 실행한다. [입력-개체-글상자]를 실행하여 박스를 만든 후, 내용을 입력한다. 마우스 오른쪽 버튼을 클릭하고 [개체 속성-글상자]를 실행한 뒤 [세로쓰기]를 선택하도록.

02 와이셔츠, 카디건, 조끼는 구분한 옷의 종류를 워드로 작성한 후 출력한다.

03 색지를 한 겹 더 붙여 도톰하게 한다.

04 펀치로 구멍을 뚫고 가윗집을 내어 빨래집게에 끼울 구멍을 만든다. 가윗집은 가로로 내야 빠지지 않는다.

05 빨래집게에 끼워 넣는다. 완성한 빨래집게 라벨은 시각적으로도 옷걸이와 확실히 구분이 되며 좌우로 움직일 수도 있다.

style 03 — 찍찍이로 떼었다, 붙였다~
벨크로 테이프 라벨

정리 상자와 서랍장에도 옷을 계절별, 종류별로 확실히 구분해서 라벨을 붙인다. 이때 벨크로 테이프를 이용해서 옷의 종류나 계절이 바뀌면 쉽게 탈착할 수 있도록 만든다.

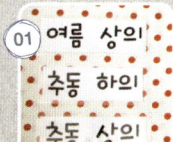

01 워드로 작성해 깔끔하게 뽑은 뒤 두꺼운 색지에 붙이거나 코팅한다.

02 뒷면과 서랍에 벨크로 테이프를 붙인다.

03 항목이 바뀌면 떼어내고 다른 라벨로 바꿔준다.

04 상자나 서랍장 안에도 줄마다 세부 라벨을 붙인다. 상의의 경우 외출복, 실내복, 블라우스 식으로 구분하면 상자 안의 옷이 섞이지 않는다.

style 04 — 알아보기 쉬운 그림 활용법
일러스트 냉장고 라벨

냉장고에도 라벨을 붙이면 좋다. 식품을 한눈에 찾아 쓸 수 있어 전기료는 물론 요리 시간을 절약할 수 있기 때문이다. 냉장고 라벨은 그림으로 만들면 한눈에 알아보기에 더 좋다.

01 라벨 문서를 작성한 후 좌측에 클립아트를 붙인다. 인터넷에서 다양한 무료 클립아트를 다운받을 수 있다.

02 출력한 후 칼로 자른다.

03 냉장고에 붙이는 라벨은 물기가 번질 수 있는데, 코팅을 하면 훨씬 오래 사용할 수 있다. 여러 개를 코팅할 때는 자를 면을 고려해 라벨 사이사이를 적당히 띄운다.

04 냉장고의 붙일 면은 물기를 닦고 투명 테이프를 넉넉한 사이즈로 자른 후 코팅하듯 붙인다.

space 3 : 냉장고

냉장실 :

요즘 냉장고, 굳이 고가의 것을 선호하지 않아도 내부 기능이 정말 좋아졌습니다. 웬만한 식재료가 다 들어가는 넓직한 용량의 양문형 냉장고는, 새 신부들의 가장 일반적인 혼수용품이 되었지요. 그런데 아이러니하게도 이웃 주부들의 이야기를 들어보면? 이렇듯 쾌적한 냉장고가 가족 외의 타인에게 보여주기 싫은 공간 베스트 1순위라고 합니다. 가족들이 먹는 음식을 저장하는 곳인 만큼 위생적인 면이 가장 중시되어야 하는데, 실상 100% 만족스럽지 못하다는 게 현실입니다. 언제나 깔끔한 인상으로 갖추고 싶은 우리집 냉장고. 우선 제대로 정리하지 못하는 습관부터 파악하고, 가족들의 건강을 고려한 올바른 냉장고 수납법을 구석구석 배워보면 어떨까요?

우리집 냉장고, 이래서 항상 정신없다!

NG 무조건 '1+1'이 최고?
1개에 5백원 하는 오이가 3개에 1천원이면 싸다는 생각에 일단 손이 가게 마련이다. 하지만 마지막 1개는 냉장고 구석에서 물러서 버리는 경우가 있다. 신선식품은 약간 비싸더라도 소비할 수 있는 분량만 구입하는 것이 좋다. 신선할 때 이용하는 것이 시들해진 상태에서 오래 몇 끼를 지속해 먹는 것보다 훨씬 이익이다.

NG 자주 즐기지 않는 재료를 구입한다
먹어야 한다고 생각하는 식품을 사지 말고, 실제로 잘 먹는 식품을 산다. 가족들의 건강 때문에 잘 먹지 않는 재료를 구입할 계획이라면? 이 재료들로 오늘 어떠한 요리를 할 것인지, 구체적으로 생각하고 구입하도록 한다.

NG 검은 봉지째 집어넣는다
이것저것 장을 본 후에는, 귀찮아서 봉지에 담긴 재료를 그대로 냉장고에 넣어버리기 일쑤다. 하지만 결과적으로는 제대로 보이지 않아 어떤 재료가 구비되어 있는지 잊어버리는 상황이 부지기수. 따라서, 냉장고에 보관하기 전에는 식품을 종류별로 분류하는 것이 필수다. 투명한 밀폐용기나 비닐을 이용해 정리하는 것도 잊지 말자. 각종 재료를 한눈에 찾아내어 제때 이용할 수 있는 편리함을 갖춘다면 식비 절감에도 큰 도움이 될 것이다.

NG 냉장고는 무조건 꽉꽉 채운다
냉장고는 공간이 생기는 대로 무조건 채워 넣기 쉽다. 꽉 찬 냉장고는 '전기 먹는 하마'이다. 냉장고는 60~70% 정도 채워야 냉기가 잘 순환해 식품을 신선하게 보관할 수 있다. 오래된 음식은 아깝다고 생각하지 말고 제때 버리고, 일주일에 한 번은 남은 재료를 모아 요리를 해보자.

NG 먹다가 남은 음식은 무조건 넣고 본다
먹다 남긴 치킨 무, 몇 끼째 식탁과 냉장고를 왕복하는 생선 조각 등 먹기는 싫어도, 냉장 보관해두면 언젠가는 먹지 않을까 싶어서 넣어두는 음식물 역시 만만치 않다. 앞으로도 손대지 않을 것 같은 음식이라면 처음부터 과감히 버리자. 지금 먹기 싫은 음식은 다음 식사 때는 더욱 먹기 싫은 것이 사실이니까.

냉장실 정리의 정석

냉장실 안의 식품을 일목요연하게 정리하면 요리 시간을 절약하는 것은 물론, 각종 재료들을 한번에 찾아내기도 쉬워진다.

step 1
식품 분류하기

냉장고 안의 음식 역시 일단 모두 꺼내어 진단해 보자. 이미 유통기한이 지났거나 상했음직한 음식 그리고 먹지 않는 음식 등을 처분한다.

냉장고에 보관하지 않아도 될 식품이 있다. 통조림, 조리용 오일류(참기름, 들기름, 올리브유, 식용유 등), 꿀, 열대과일, 시판용 조미료(소금·설탕 등)는 냉장고에 보관하지 말고 싱크대에 보관한다.

식품을 김치, 반찬, 국냄비, 달걀, 야채, 신선식품 등 아이템별로 나누어준다. 음식을 꺼낸 후에는 냉장고 속 구석구석을 깨끗이 청소하는 것도 잊지 말 것.

step 2
식품별 자리 정하기

식재들을 아무 곳에나 쑤셔넣게 되는 이유는? 내가 정해둔 제자리가 없기 때문이다. 지정 위치를 정해주어야 사용하고 난 후에도 다시 그 자리에 넣는 것이 자연스러운 버릇이 된다.

위 선반
달걀이나 파, 마늘, 자투리 야채 등 가벼운 식품

가운데 선반
자주 꺼내는 반찬

아래 선반
김치, 양념류, 장류 등 무거운 식품

서랍 칸
신선식품, 야채, 과일

step3 용기와 트레이 활용하기

투명하고 밀폐력이 좋으며, 버리는 공간 없이 최대한 많은 양을 차곡차곡 수납할 수 있는 용기가 필수적이다. 뿐만 아니라 건강을 위해서 꼭 섭취해야 하는 밑반찬류라면 가급적 유리용기에 보관하는 것이 좋을 것이다. 이와 함께, 각종 기타 식재료들은 용도별로 분류한 후 하나의 트레이에 모아둔다면 손쉽게 넣고 뺄 수 있어 효율적이다.

step4 문칸 자리 정하기

문칸의 소스와 음료수를 모두 꺼내고 음료수, 소스, 유제품, 주류, 차와 잼류 등을 종류별로 구분해보자. 사용 빈도에 맞추어 자리를 정한다.

위 선반
가볍고 가끔 먹는 식품, 아이들의 손이 닿아서는 안 되는 약

가운데 선반
자주 꺼내는 물, 음료수

아래 선반
무거운 장류, 주류 등의 음료

step5 라벨 붙이기

냉장고 속 수납도 라벨을 붙여 마무리한다. 라벨을 붙이면 재료가 놓일 자리를 다시 한번 정해주어서 다른 식품들이 섞일 염려가 없어진다. 또 한눈에 찾아 쓸 수 있는 만큼 실질적으로는 요리 시간과 전기료 역시 절약이 가능할 것이다. 단, 한 가지 고려할 점은? 냉장고에 붙이는 라벨의 경우에는 떼어냈을 때 흔적이 남지 않도록 가급적 투명 테이프를 이용하도록 한다.

tip 2단으로 세울 때에는 뒤쪽이 가려지지 않도록 키 큰 병을 뒤쪽에 배치한다. 높이에 맞추어 일렬로 세운다면 더욱 단정해 보일 것이다.

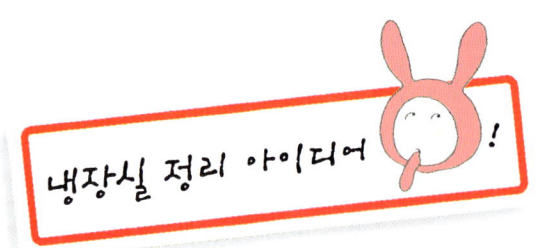
냉장실 정리 아이디어!

톡톡 튀는 아이디어와 라벨 정리까지 모두 이용한, 우리집 전용 냉장고의 새로운 수납 법칙에 도전해보자. 반 나절만 노력하면, 완전히 다른 모습으로 변신할 수 있다!

idea 01 트레이와 바구니를 활용한다

반찬과 양념은 트레이에 담는다

트레이에 담아두면 냉장고에서 꺼내고 넣을 때 트레이만 옮기면 된다. 또한 냉장고 안쪽 공간까지 효율적으로 활용할 수 있고, 하나하나 찾아서 꺼내는 시간도 줄어 전기료도 절약할 수 있다.

위 선반에는 바구니를 이용한다

냉장실 가장 위쪽 선반은 안쪽까지 꼼꼼히 활용하기 어렵다. 손잡이 달린 바구니를 넣어두면 바구니째 꺼내어 안쪽의 식품까지 효율적으로 쓸 수 있다.

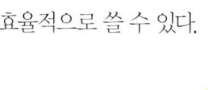

idea 02 김치와 양념은 따로 보관한다

사용하기도 불편하고, 안이 잘 보이지도 않는 아래 칸에는 무겁고 가끔 꺼내는 김치나 장아찌, 양념을 보관한다. 김치나 장아찌처럼 재료의 냄새가 강한 식품들은 다른 식품에 냄새가 배지 않도록 따로 보관하는 게 좋다. 된장, 고추장은 키 큰 유리용기에 담아 문칸 하단에 보관하면 사용하기 편하다.

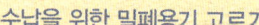

tip 수납을 위한 밀폐용기 고르기

반찬류는 한눈에 내용물을 알 수 있는, 비슷한 크기의 투명 밀폐용기에 넣어서 보관한다. 이렇듯 수납 용기의 모양과 크기가 비슷하면 차곡차곡 정돈할 수 있어 공간 활용이 한층 효율적이다. 한편으로, 원형보다는 사각형 밀폐용기의 경우 빈 공간을 만들지 않아 더욱 쓸모 있다.

tip

대파 전용 용기를 만들어보자!

한식 요리는 물론 라면에서 각종 국물 요리까지! 조리할 때 가장 자주 사용하는 대파를 매번 다듬으려면 번거롭다. 사실 대파를 한단 사면 무르거나 말라서 버리는 부분이 많다. 용도별로 다듬어서 2단 용기에 보관해보자.

길게 자르기 파는 물이 닿으면 금방 색이 변하고 시들기 쉽다. 씻지 말고 흰 부분과 파란 부분을 나누어 길게 잘라 큰 용기에 보관한다.

송송썰기 요리에 가장 많이 쓰이는 방법으로, 보통 다진 파라고 부른다. 국의 고명이나 나물 등 익히지 않고 넣는 요리에 널리 쓰인다.

어슷썰기 국이나 찌개 같은 가열하는 요리에 넣는다.

남은 분량은 송송 썰어 밀폐용기나 지퍼백에 담아 냉동실에서 얼린 후, 국물 요리에 넣으면 유용하게 쓸 수 있다. 얼린 후에 바닥에 한번 '탁' 내리치면 하나하나 떨어진다.

idea 03 자투리 야채 보관함 만들기

쓰고 남은 야채 조각은 냉장고 구석을 굴러다니다가 물러서 버리기 쉽다. 자투리 야채들은 큼직한 밀폐용기에 모아둔다. 어떤 야채가 남았는지 한눈에 알 수 있어 남김 없이 알뜰하게 요리할 수 있다.

idea 04 냉장실 특별층, 자유석 남기기

냉장실의 선반 한 칸은 치우지 않아도 언제든지 큰 음식을 보관할 수 있는 자유석으로 확보해둔다. 다른 선반은 빽빽이 활용하더라도 선반 하나 정도는 비워두어야 국 냄비나 과일 박스 같은 큰 음식이 생겨도 다른 선반들이 흐트러지지 않는다. 달팽이의 경우에는? 냉장실에서 가장 활용도가 낮은 맨 위 선반을 자유석으로 쓰고 있다.

idea 05 야채칸은 별도의 구획을 나누어준다

● 칸을 분류하여 수납한다
야채는 쌓아두면 무르기 쉽다. 바구니나 골판지를 이용해 칸을 나눠서 한눈에 보이게 수납한다. 바구니에는 봉지 단위의 야채를, 페트병에는 소포장의 야채를 수납한다.

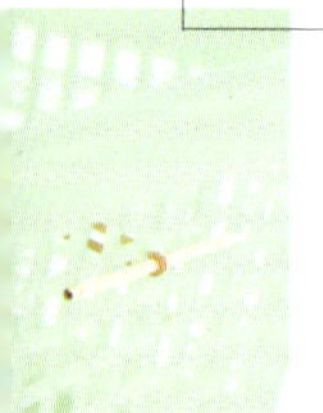

● 바구니는 고무줄을 이용해 나눈다
냉장고용 바구니는 냉기가 순환되도록 구멍이 뚫린 제품이 좋다. 야채가 넘어지지 않고 구분되도록, 고무줄과 이쑤시개를 이용해 분류하는 것이 포인트. 야채에 따라 칸의 너비를 바꿀 수도 있어서 더욱 편리하다.

● 페트병을 이용한다
자잘한 야채는 구석에서 물러버리기 쉽다. 애호박이나 고추, 마늘 등 소포장의 야채는 페트병에 꽂아서 수납한다.

● 부피가 큰 야채를 보관할 수 있도록 자유석을 남겨둔다
무, 양배추 같은 큰 야채를 구입해도 치우지 않고 넣을 수 있게 구분 짓지 않은 빈 공간을 남겨둔다.

● 투명비닐에 봉지집게를 이용해서 보관한다
구입한 야채는 검은 봉지째 보관하지 말고, 투명비닐에 옮긴 후 봉지집게나 페트병 뚜껑을 이용해 신선도가 오래가도록 밀폐한다. 물러서 버리는 야채가 줄어든다.

tip 식품에서 흐른 찌꺼기가 바닥에 굳어 있으면 보기에도 지저분하고 청소하기도 힘들어진다. 내용물이 흐르는 식품은 미리 우유팩에 담거나 주위를 키친타월로 감싸서 청소를 줄인다.

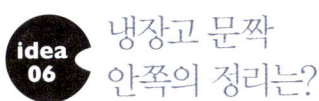
냉장고 문짝 안쪽의 정리는?

소스는 페트병을 이용한다
여기저기 돌아다니는 잡다한 소스는 모아서 페트병에 정리한다.

케첩병, 마요네즈병은 페트병을 잘라 거꾸로 세워 넣어 수납한다.

작은 식품은 전용 상자를 만든다
자잘한 식품(버터, 남은 가공식품, 어린이 간식 등)은 냉장고에 넣어두면 잊어버려 유통기한을 넘길 수 있다. 내용물이 보이게 꽂아둘 수 있는 전용 상자를 만들어 문칸에 보관한다.

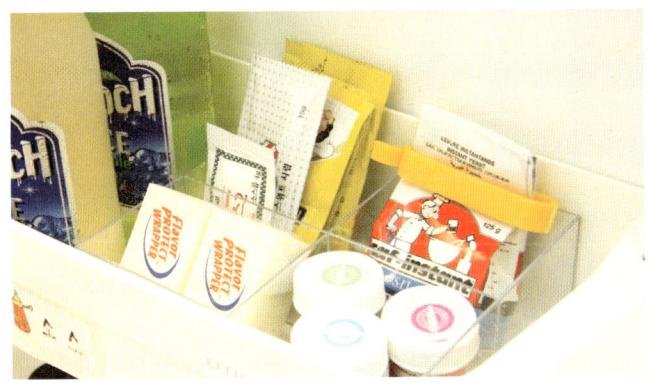

선반 바깥 부분도 활용한다
선반 바깥 부분도 활용해보자. 선반에 매달 수 있는 제품으로 편리하게 소스를 수납할 수 있다. 집게나 테이프도 이용해본다. 와사비 등의 튜브 형태 소스류는 집게를 이용해서, 그리고 기타 소스류는 셀로판테이프를 이용해서 붙인다. 개봉한 제품들도 잊어버리지 않고 사용할 수 있다.

요리 시간을 확실히 절약해주는 8가지 만능 양념장

매일 요리를 하다 보면 양념장 역시 비슷한 맛의 종류를 반복해서 만들게 되지요? 요리에 자주 이용하는 양념장과 소스류는, 상하지 않는 선에서 가급적 넉넉한 분량을 만들어두면 요리 시간을 훨씬 절약할 수 있답니다. 단, 깨끗한 유리병에 보관하거나 위생적인 방법으로 덜어서 사용하는 것은 필수겠지요. 이런 방법으로 보관한다면, 넉넉히 두세 달 정도는 맛의 변화를 걱정하지 않아도 됩니다. 우선 양념장은 비슷한 크기의 유리병을 이용해 보관하는데, 이때 뚜껑에는 라벨을 붙여주세요. 견출지보다는 깔끔한 흰 종이에 이름을 적고 투명 테이프로 붙이는 것이 보기 좋을 듯합니다. 쉽게 떨어지지 않는 것은 물론 물에 젖지도 않고 떼어낼 때도 간편한 장점이 있답니다.

맛된장

간장 양념장

고추장 양념장 고추장에 설탕, 물엿을 넣고 마늘·생강·청주 등 갖은양념을 넣은 양념장입니다. 입맛에 따라 약간 덜 달게 만든 후 설탕, 고춧가루만 조절하면 훨씬 다양한 요리를 만들 수 있어요. 고추장이 들어가는 마른반찬과 볶음 요리에 응용해보세요.
재료 고추장 1컵, 간장 6큰술, 설탕 3큰술, 물엿 2큰술, 마늘 1큰술, 청주 1큰술, 다진 생강 1/2큰술, 깨 1큰술, 후춧가루 1/2작은술 **활용 요리** 제육볶음, 마른반찬, 고추장 소스의 볶음(오징어, 낙지볶음 등)

맛된장 기본 된장에 천연 조미료와 파·마늘을 넣어 숙성시키면 따로 국물 내거나 양념을 넣지 않아도 즉석으로 된장찌개를 끓일 수 있어요.
재료 된장 1컵, 고춧가루 1큰술, 다진 파 2큰술, 다진 마늘 1큰술, 멸칫가루·다시마가루 1/2큰씩
활용 요리 된장국, 된장찌개

간장 양념장 양조간장으로 만든 달콤한 양념장이에요. 간장이 들어가는 마른 반찬과 조림, 볶음 요리에 다양하게 응용해보세요.
재료 간장 1컵, 설탕 4큰술, 물엿 3큰술, 청주 3큰술, 마른고추 1개, 다진 생강즙 1/2큰술 **활용 요리** 마른반찬(우엉, 연근, 새우볶음 등), 각종 볶음, 찜(갈비찜 등)

고추장 양념장

고추장 쌈장

무침용 초고추장

초고추장

된장 쌈장

초간장

무침용 초고추장 갖은 채소 종류의 밑반찬용으로 다양하게 활용할 수 있는 무침용 초고추장 양념도 보관해보세요. 단, 한 방울만 넣어도 시간이 지나면서 맛이 변할 수 있는 참기름은 조리 과정에서 직접 넣어주세요.
재료 고추장·설탕 3큰술씩, 고춧가루·간장 1큰술씩, 식초 2큰술, 다진 마늘 1큰술, 다진 생강 1/2큰술, 깨 1작은술 **활용 요리** 각종 무침(오이무침, 도라지오징어 무침, 골뱅이무침, 홍어회무침 등)

초고추장 요리에 조금씩 곁들여 내는 일이 많은 초고추장은, 한 번에 넉넉한 분량으로 만들어서 소스통에 넣어두고 사용하세요.
재료 고추장 4큰술, 설탕·식초·청주 2큰술씩, 생강즙·깨 2작은술씩

된장 쌈장 된장에 고추장과 다진 마늘, 다진 고추를 넣어 고기, 야채에 모두 어울리는 쌈장을 만들어보세요.
재료 된장 6큰술, 고추장 1큰술, 다진 고추 2큰술, 다진 파·다진 마늘 1큰술씩, 설탕 1작은술, 청주 1작은술, 깨 소금 2작은술, 참기름 1큰술

고추장 쌈장 삼겹살이나 마른반찬에 곁들이는 양념 고추장이에요. 매번 고추장 양념하기 번거로울 때 유용하게 쓸 수 있어요.
재료 고추장 6큰술, 된장 1큰술, 설탕 2작은술, 청주 1큰술, 물엿 1큰술, 다진 마늘 2큰술, 깨 2작은술
활용 요리 삼겹살구이, 각종 쌈, 건어물 안주

초간장 부침개, 만두, 튀김 등 기름기 있는 음식에 곁들이는 초간장이에요.
재료 간장 8큰술, 식초 4큰술, 설탕 2큰술, 청주 1큰술
활용 요리 전, 부침개, 튀김, 만두

냉동실:

순간적인 냉동으로 신선함을 유지하는 데에는 어느 정도 신뢰가 간다고 해도, 냉동실 속의 식품들 역시 유통기한은 있게 마련입니다. 냉장에 비해 냉동 식재료에 대해서는 세심한 관리를 하지 않고 일단 어디든 쑤셔넣기 일쑤인 주부들. 한참 지난 후에 발견하고 결국은 쓰레기통 속으로 넣어버리는 대신, 제대로 얼리고 정리하는 기본 방법을 익혀보세요. 신선한 관리는 물론, 신선한 요리로도 이어질 수 있을 거예요.

냉동실 정리의 정석

step1
분류하기

식품을 냉동하면 오래 보관할 수 있다. 하지만 냉동실은 먹다 남은 음식의 창고 개념이 되어서는 안 된다. 냉동하면 재료의 부패는 막을 수 있을지 몰라도, 사실 산화까지는 막을 수가 없다. 그리고 이러한 지방의 산화는 건강에도 좋지 않다. 기본적으로 육류나 생선은 얼리지 않은 신선한 제품을 구입해서 먹는 것을 원칙으로 하되, 냉동한 식품 역시 한두 달 안에는 소비해야 한다. 냉동실 정리를 위해서는 재료를 모두 꺼내고 냉동실 안을 청소하는 과정부터 시작해야 한다. 오래된 식품, 수분이 말라서 허옇게 변한 음식 그리고 언제 냉동했는지 기억조차 나지 않은 음식 등은 과감히 버릴 것을 권한다. 물론 냉동실 안을 깨끗이 청소하는 것도 잊지 말 것.

체크해야 할 냉동실 속 식품들은 종류별로 새롭게 분류한다. 육류, 생선, 건어물, 견과류, 분말류, 패스트푸드 등등. 스스로 꺼내고 정리하기 편하도록 내 기호에 맞는 항목으로 나누어 분류하는 것이 관건일 것이다.

step2
식품별 제자리 정하기

분류한 식품 종류별로 새로운 지정석을 정하도록 한다.

선반

구입 봉투째 보관하는 건어물, 견과류, 자주 꺼내는 아이스크림 등을 보관한다. 지퍼백을 이용해 바구니에 수납한다.

서랍칸

소량으로 얼리는 육류나 생선을 보관한다. 지퍼백에 담아 세워서 보관하고, 작은 덩어리는 페트병에 보관한다.

문칸

온도 변화에 민감하지 않은 분말 재료나 건어물을 보관한다. 전용 용기나 페트병 등을 활용한다.

step3
전용 용기 & 지퍼백 활용하기

냉동실에 보관한 음식은 밀폐하지 않으면 건조되어 제 맛을 잃기 쉽다. 또 큰 덩어리째 얼리면 잘 녹지도 않고 남은 덩어리는 다시 얼리게 된다. 냉동할 때는 소형 지퍼백에 1회 분량씩 넣은 다음, 팩 안의 공기를 최대한 빼내고 쉽게 녹일 수 있도록 평평하게 만들어 얼리는 것이 관건이다.

선반의 수납은 냉기가 순환할 수 있도록 고려하는 것이 포인트. 구멍 뚫린 바구니를 이용하는데, 안쪽에 위치한 식품까지 한눈에 파악하고 쉽게 꺼낼 수 있도록 정리하는 것이 중요하다.

step4
라벨 붙이기

냉동실 안의 식품은 성에가 끼어 내용물을 구분하기가 어렵다. 구획이 나눠진 선반과 트레이는 물론 각각의 용기에도 라벨을 꼼꼼하게 붙이는 것이 포인트. 정리 유지가 오래가는 것은 물론, 한눈에 구분할 수 있어 문을 열고 닫는 시간까지도 줄일 수 있다. 라벨을 붙일 때는 흰 종이 위에 선명하게 쓴 후, 투명 테이프를 이용해서 붙이도록 한다. 떼어낸 후에 흔적이 선명하게 남는 견출지 종류는 가급적 피하도록 하자.

털팽이's advice

똑똑한 냉동법, 조금만 더 익혀볼까요?

랩이나 비닐을 많이 이용하는 것이 건강에는 그다지 좋지 않지만, 사실 냉동실에 넣기로 결정한 재료들을 최대한 신선하게 보관하기 위해서는 이러한 도구들이 필수적이기도 합니다. 이왕에 재료를 냉동하기로 마음먹었다면, 이러한 제품들을 이용해서 공기와 닿는 면적을 최대한 줄이는 것이 무엇보다 중요할 것입니다. 다음의 냉동 아이디어 정도는 생활 습관으로 익혀두어도 좋을 거예요.

기본 중의 기본!
냉동실에 들어갈 각각의 재료들은 1회 분량씩 나누어서 냉동합니다. 이렇게 해야 냉동 속도가 빠른 것은 물론, 해동을 할 때에도 한결 신선하답니다.

냉동할 때는?
공기를 완전히 뺀 후에 밀봉하세요.

평평한 상태로 만들어 얼리세요
해동할 때의 편리함을 고려해서 평평한 상태로 만들어 얼리세요. 특히, 전도율이 높은 직사각형의 금속이나 알루미늄 트레이 위에 평평하게 펼쳐 올린다면 급속 냉동이 가능하답니다.

식품별 냉동법도 익혀보세요!
생선 1회분씩 랩으로 감싸거나 지퍼백에 넣어 공기를 뺀 후 밀봉하세요.

고기 국·찌개용은 1회 분량씩 나누어서 랩이나 비닐에 밀봉하세요. 이때 구이 용도의 재료는 겹치지 않게 평평하게 편 후 팩 안의 공기를 빼내어 진공 상태로 보관하도록 합니다.

나물 데친 후 1회 분량씩 나누어 약간의 물기와 함께 비닐에 담아서 냉동하세요.

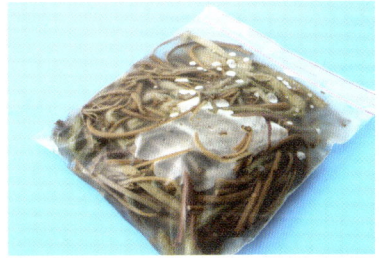

채소류 파, 양파, 감자, 당근도 재료가 남으면 냉동해보세요. 바로 요리할 수 있도록 썰어서 용기에 담아 냉동한 후 바닥에 한번 내리치면 하나씩 떨어져요. 냉동 채소는 냉동한 상태에서 국이나 찌개에 넣으세요.

냉동실 정리 아이디어

얼음공주 냉동실이 제대로 말끔해지는 아이디어를 살펴보자. 다양한 수납 용기를 이용한 세로 수납을 원칙으로 하면 한눈에 재료들을 알아볼 수 있어 편리하다.

idea 01 페트병 활용술도 무궁무진하다

페트병을 문칸 높이에 맞춰 잘라서 다양한 용도로 활용해보자. 1회 분량씩 담은 덩어리는 종류별로 페트병에 보관한다.

냉동실 안에 흩어져 있는 아이스크림도 페트병에 보관하면 부서지지 않는다.

idea 02 좁을지언정 꼭 필요한 냉동실 자유석

냉동실 수납 상태를 오래 유지하려면, 이른바 '자유석' 코너를 마련해두는 것이 좋다. 다른 공간은 빽빽하게 쓰더라도 선반 하나는 빈 공간으로 남겨두자. 부피가 큰 아이스크림이나 냄비째 음식을 차게 할 때, 다른 식품을 치우지 않아도 돼 오히려 정리한 상태가 한층 오래 유지된다.

idea 03 봉지집게로 밀봉한다

봉지집게로 입구를 막아서 밀봉하면 식품이 건조되는 것을 막고 훨씬 신선하게 보관할 수 있다. 봉투 안의 식품 양이 줄어드는 것에 맞춰서 사용한다.

애니락 김 봉투, 진공포장, 콘플레이크 등 봉지에 끼워 당기기만 하면 깔끔하게 밀봉이 된다.
일반 집게, 사무용 클립 밀폐력은 크지 않지만 간편하게 쓸 수 있다.

> **tip**
> **가루 날리는 김은 파일함 속으로!**
> 김은 비닐을 열 때마다 가루가 날려 주위가 지저분해진다. 김은 파일함에 보관해보자. 밀봉될 뿐 아니라, 쓸 때마다 가루 날리는 불편이 없이 깔끔하게 꺼낼 수 있다.

idea 04 세로 수납이 기본 중의 기본

지퍼백에 담은 식품은 바구니나 서랍에 차곡차곡 꽂아서 세로 수납 한다
세워서 수납하면 공간을 효율적으로 이용할 수 있고, 한눈에 보여서 찾아 쓰기에도 한층 편리하다. 꺼낼 때 역시 별도로 정리한 식품들을 건드리지 않을 수 있다.

큰 지퍼백들은 전용 '북엔드'를 이용해보자.
바구니 없이 세워서 수납할 수 있다.

집게를 이용해서 유통기한을 표시한다면?
기한에 대한 개념 없이 무조건 오래 보관하고 보는 습관을 줄일 수 있다.

idea 05 문칸은 전용용기를 이용해 수납한다

● 구입하기 전에 줄자로 문칸의 너비와 폭을 먼저 측정한 후 쇼핑한다.
● 고춧가루나 분말, 건어물은 냉동실에 보관하면 곰팡이 피지 않고 건조한 상태로 오래 보관할 수 있다. 용기에 보관하면 가루 날림이 없어 깔끔하다.
● 용기마다 라벨을 꼭 붙인다. 냉동실은 라벨을 붙이지 않으면 성에가 끼어 내용물 확인이 어렵다.

문칸은 일반 용기나 페트병을 이용하면 윗부분에 데드 스페이스가 생기기 쉽다. 문칸 전용 용기를 사용하면 높이와 폭을 손쉽게 100% 활용할 수 있다.

함께 쓰는 재료는 한번에 쓸 수 있도록 모아서 보관한다. 향신채소(마늘, 생강, 파), 천연 조미료(새우, 다시마, 멸칫가루), 요리용 분말(들깨가루, 콩가루, 날콩가루), 견과류(검은깨, 땅콩, 통깨) 등 종류별로 분류해 보관한다.

천연 조미료를 갖추어두면 조리 시간도 두 배 절약된답니다!

조금 시간 날 때, 미네랄 풍부한 천연 조미료도 미리미리 만들어서 보관해보세요.
매번 육수를 따로 끓이지 않아도 건강 만점 천연 조미료 한 스푼으로 시원한 국물 맛을 낼 수 있답니다.
각종 건어물을 물기 없는 팬에 바싹 말리듯 볶아서 수분과 비린내를 없애고,
이것을 믹서에 갈기만 하면 되지요. 단, 국물 요리를 만들 때는 조금만 주의하세요.
처음부터 넣고 끓이면 국물이 쉽게 끓어 넘칠 수 있는 만큼,
국물이 한소끔 끓은 다음 간을 맞추는 단계에서 넣는 것이 요령이랍니다.

멸칫가루

만들기
01 국물용 멸치의 내장과 머리를 떼어 낸다.
02 기름을 두르지 않은 달군 프라이팬에 볶는다.
03 완성된 재료를 곱게 간다.
활용 요리 된장찌개, 국수장국, 쌈장

다시마가루

만들기
01 다시마를 가위로 자르고, 기름을 두르지 않은 달군 프라이팬에 볶는다.
02 믹서에 갈아 체에 내린 후, 고운 상태가 될 때까지 반복해서 분말 상태로 만든다.
활용 요리 각종 국·찌개, 오뎅탕, 우동국물

새우가루

만들기
01 마른새우의 수염과 다리를 정리한다.
02 기름을 두르지 않은 달군 프라이팬에 청주를 약간 뿌리고 볶는다.
03 곱게 간다. 만약 한 번 간 입자가 곱지 않다면? 체에 거른 후 다시 갈아준다.
활용 요리 국물 요리, 수제비와 부침개 반죽

표고버섯가루

만들기
01 표고버섯을 손질한다. 갓과 주름의 먼지를 털어내고, 가위로 잘라서 준비한다.
02 믹서에 간다.
활용 요리 국 찌개, 나물

믹스 조미료

만들기 멸치·새우·다시마 가루를 1:1:0.5의 비율로 섞어보자. 혼합 천연 조미료는 어떤 음식에나 잘 어울리는 간편 아이템이 된다.

공간을 절약하면서도 신선하게! 대용량의 재료들을 보관할 수 있는 락앤락의 스마트백.

space 4 : 거실

거실은 온 가족이 모이고, 손님을 접대하고, TV나 독서를 하면서 휴식을 취하는 공간입니다. 그런 만큼 식구들이 자주 빈번히 사용하는 각종 잡동사니는 물론 신문이나 잡지, CD와 DVD 등 다양한 물품이 모이게 됩니다. 갑자기 손님이 왔을 때 당황하지 않으려면, 메인 공간인 거실만큼은 깨끗한 인상을 주어야 하겠지요? 가구의 기본적인 배치법과 물품 정리의 기본을 알아두면 도움될 거예요.

거실 수납의 정석

가족 모두의 공간인 만큼, 최대한 넓고 쾌적하게 사용하기 위해서는 꼭 필요한 물건만 정리해두는 것이 좋다. 개인 소지품은 각자의 방에 넣는 것을 원칙으로 한다.

step 1 잡동사니 꺼내기

거실은 집 안의 모든 물건을 끌어당기는 자석과 같은 공간이다. 거실에는 꼭 필요한 물건 외에도 많은 물건이 모이게 된다. 정리를 위해 우선 거실 수납장 안의 물건을 꺼낸다. 오래된 비디오나 시간이 지난 신문, 듣지 않는 CD 등 사용하지 않는 물건은 처분한다.

step 3 집 만들기

서랍은 물건별로 구획을 나누어 정리하고, 오픈 된 선반에는 물건이 흐트러지지 않게 트레이나 바구니를 이용해 용도별로 수납한다. 오픈 수납장은 배치나 색상을 고려해 단정해 보이도록 수납한다.

step 4 라벨 붙이기

거실의 오픈 수납장에는 미적인 면을 고려해서 라벨 붙이는 것을 자제한다. 서랍장 안에는 라벨을 이용해 여러 가족이 사용하고 제자리에 둘 수 있도록 물건을 구분한다.

step 2 분류하기

거실의 물건은 가족이 함께 사용하는 물건과 개인 소지품으로 분류한다. 개인 소지품은 각자의 방으로 옮겨 정리하도록. 그런 후 거실용 물건을 용도별로 분류한다. TV 근처에는 CD나 비디오 등 음향 용품을, 책장에는 잡지나 신문을 배치한다.

step 5 유지하기

여러 가족이 함께 사용하는 거실은 '사용한 물건은 제자리에 둔다'는 규칙에 따라 정돈한 상태를 유지하도록 한다.

거실을 깨끗이 유지하는 네 가지 규칙!

01 썼으면 제자리에 둔다.
02 떨어뜨렸으면 줍는다.
03 내렸으면 다시 올린다.
04 열었으면 닫는다.

넓지 않은 20~30평형의 거실이라면, 기본적으로 갖춘 가구의 배치나 스타일에 따라 수납 공간의 규모와 위치도 다양해질 것이다. 정리를 하는 동시에, 조금 더 편하게 생활할 수 있는 꾸밈 아이디어까지도 생각해보자.

idea 01 넓어 보이는 가구 배치가 있다

같은 가구라도 배치에 따라 더욱 넓어 보일 수 있다. 소파는 1자로 배치하면 넓어 보이고 ㄴ자로 배치하면 아늑해 보인다. 또 TV는 거실의 폭이 긴 방향으로 배치하면 넓어 보인다. 일반적으로 벽걸이 TV는 공간의 정면에, 브라운관 TV는 모퉁이 부분에 놓아야 효율적이다.

idea 02 가구의 키를 낮춘다

가구의 키를 낮추면 공간이 훨씬 넓어 보인다. 거실이 좁아 소파를 놓기에 충분하지 않다면 좌식 소파와 낮은 테이블을 설치한다. 높이가 있는 방석을 활용해도 좋다. 좌식 문화가 발달한 우리나라의 경우 좌식 쿠션을 이용해 모임 공간을 꾸미면 편안함을 느낄 수 있다. 2~3인용 소파와 매치하거나, 혹은 거실 테이블을 중심으로 빅 쿠션 몇 개만 놓아주어도 휴식 공간의 분위기를 제대로 연출할 수 있다.

오리엔탈 스타일의 좌식 공간. 작은 소파와 자연 소재의 방석을 매치하면 보다 많은 사람이 모여 앉을 수 있다. 좁은 거실을 꾸밀 때 활용하면 좋은 아이디어로, 디스퀘어에서 발견한 공간이다.

idea 03 물건을 늘어놓는 데도 방법이 있다

거실에는 오픈 수납장이 많다. 오픈 수납장은 꺼내고 넣기는 편하지만 물건을 잘못 배열하면 오히려 지저분한 인상이 강해질 수 있는 것이 특징이다. 물건을 배열할 때는 다음 세 가지에 주의한다.

- **물건의 양** 물건은 가득 늘어놓지 않고 여백을 살려 넣는다.
- **색채** 서랍장 전반에 사용하는 색상을 세 가지 이하로 하는 게 단정해 보인다. 박스를 사용할 때는 선반의 색상과 비슷한 색상이나 악센트가 되는 색상을 사용한다.
- **물건의 키** 가벼운 것은 위쪽에, 무거운 것은 아래쪽에, 물건은 전체적으로 좌우대칭으로 늘어놓으면 안정되어 보인다.

idea 04 거실에 책장을 설치할 때는 도어를 설치한다

거실을 서재로 꾸미는 가정이 늘고 있다. 서재로 꾸밀 경우 보통 거실 벽면에 책장을 설치하게 된다. 이때 오픈 된 책장을 설치하면 현관에서 들어왔을 때 책의 통일되지 않는 색상 때문에 깔끔하지 않은 첫인상을 줄 수 있다. 반면에 도어로 가려진 책장을 설치하면 깔끔하기는 하지만 책을 꺼내기 힘들고 답답한 인상을 줄 수 있다. 장식과 수납을 함께 생각한다면 슬라이딩 도어가 달려서 자유롭게 여닫을 수 있는 책장을 설치하는 것이 좋다.

모던 스타일과 클래식한 다마스크 패턴 믹스 & 매치가 돋보이는, 슬라이딩 도어를 갖춘 수납장. 문 안쪽에 마련된 칸칸의 수납공간에 책과 소품류를 정리할 수 있다. 거실에 서재를 꾸미는 경우 통일되지 않는 책들의 형태 때문에 정신 없어 보일 수 있는데, 슬라이딩 도어를 설치하면 이러한 점을 보완할 수 있다. 사진은 LG화학 전시장 디스퀘어의 거실 TV장 코너.

idea 05 손님의 시선에 주목한다

갑자기 손님이 찾아왔을 때 어지러운 거실 때문에 당황스러웠던 경험이 있다면, 순식간에 치울 수 있는 방법을 생각해보자. 우선 손님이 앉게 되는 위치에서 시선이 가는 곳이 어디인지 파악한다. 손님이 오기 직전 바구니를 들고 시선이 머무는 곳에 무심코 늘어놓은 물건들을 먼저 치우는 것이 포인트. 시선이 분산될 수 있도록 물건을 늘어놓는 곳의 위쪽에 액자 등을 걸어두는 방법도 효과적일 것이다.

idea 06 물건이 돌아갈 수 있는 곳을 만든다

TV나 비디오 주위에는 늘 리모컨, 설명서, DVD 등 관련된 물건이 흩어져 있게 된다. 기본적으로 항상 배치되는 가구 주변에 바구니나 서랍을 두어 관련 물품을 수납한다. 쉽게 꺼내고 쉽게 집어넣을 수 있는 제품을 사용하면 훨씬 유지하기 편하다.

외출하고 돌아온 후에 지갑, 열쇠 등 날마다 선반에 늘어놓는 물건을 모아놓을 수 있는 바구니도 현관과 가까운 거실 한 켠에 만들어보자. 소파나 화장대 위 등 본인이 습관적으로 물건을 늘어놓는 곳에 배치하는 것이 좋다.

idea 07 신문지 수납법

신문은 흩어져 있으면 상당히 지저분해 보이는 물건이다. 신문을 주로 보고 두는 공간에 전용 수납함을 만든다.

idea 08 리모컨 수납법

TV를 보려는데 매번 리모컨이 행방불명된다면 리모컨을 놓아둘 일정한 자리를 정해놓지 않았기 때문이다.

리모컨 정리함을 만든다
리모컨을 크기별로 정리하고, 칸막이를 조정한 후 라벨을 붙인다. 매번 처음 정리한 같은 자리에 두게 되어 항상 정리된 모습을 유지할 수 있다.

TV를 보는 장소에서 손이 닿기 편한 위치에 벨크로 테이프를 이용해 리모컨을 부착한다.

space 5 : 기타 공간들

화장대 수납법 :

기초·색조 화장품과 각종 액세서리류, 샘플 제품 등등. 작은 물건들이 여러 종류 올려져 있는 화장대는, 조금만 정리를 게을리 하면 금세 먼지가 쌓이고 지저분한 인상을 주는 코너입니다. 선반 아래로 다양한 사이즈의 서랍장이 갖추어진 파우더룸 스타일이라면 문제없겠지만, 침실 규모를 생각해 서랍 1~2개가 마련된 심플한 디자인을 놓은 경우라면 이것저것 자잘한 물건들을 정리하는 게 난감해질 수 있어요. 내 모습을 보다 세련되게 가꾸는 코너인 만큼, 안락한 정서를 위해서도 항상 청결한 인상을 유지해야 하지 않을까요? 모양이 일정하지 않은 작은 소품류 수납에 유독 귀찮아하는 주부들을 위해, 털팽이식 초간편 화장대 정돈술을 공개할게요.

화장대 수납의 정석

의외로 유통기간에 대한 개념 없이 일단은 넣어두고 보는 화장품. 마음먹고 한 번 꺼내어보면 처분해야 할 물건들이 쏠쏠히 눈에 띄게 마련이다.

step 1
사용 빈도별로 나누기

화장대 위, 서랍 속의 제품들을 모두 꺼낸다. 좁은 화장대 위에 스킨, 로션이 2개 이상씩 올려져 있다면, 현재 사용하고 있는 제품과 쓰지 않고 올려져만 있는 제품으로 구분한다. 자주 쓰는 제품을 모아서 화장대 위에 정리하고, 나머지는 바구니나 상자에 정리해 화장대 아랫부분 등 주변 장소에 별도로 보관하도록 한다.

step 2
버리기

오래된 화장품은 색조 제품의 경우 발색력이 떨어지는 것은 물론이고, 세균이 번식해서 오히려 피부에 해를 줄 수 있다. 유통기한이 지난 제품들은 이 기회에 추려내어 과감히 버리고, 가끔씩 사용하는 것이라면 유통기한 내에 알뜰하게 사용할 수 있는 방법을 생각해본다.

화장품 종류별 유통기한은?
- 기초 제품 : 1년
- 파운데이션 : 1년 6개월
- 파우더 : 3년
- 립스틱 : 2년
- 마스카라 : 3개월

step 3
종류별로 구분하기

서랍 안에 뒤섞여 있는 자잘한 화장품 종류들도 구분한다. 화장대 위에 세워둘 제품은 기초와 색조, 헤어 제품으로 나누어 바구니에 정리한다. 서랍 안에 정리하게 마련인 메이크업 제품은 립스틱, 아이섀도, 블러셔 등을 종류별, 컬러별로 나눈다.

집 만들기 step4

가뜩이나 자잘한 물건들을 서랍 한 칸 속에 한데 넣어 정리한다면 다시 섞이는 것은 시간 문제다. 서랍 사이즈에 맞춘 전용 정리함이나 서랍용 트레이 그리고 우유팩이나 상자 등의 재활용 용기를 이용해서 물건의 종류마다 '1:1' 형태의 전용 집을 만들어준다.

라벨 붙이기 step5

라벨이 있으면 물건의 자리가 정해져 물건을 쓴 후 제자리에 다시 정리하기 쉽다. 구분한 물건별로 라벨을 붙이도록 한다.

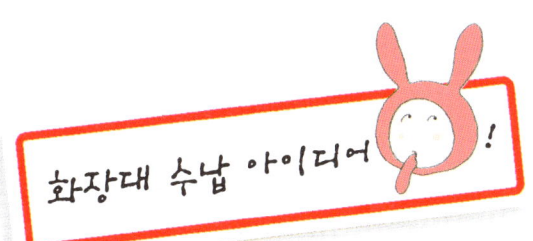

화장대 수납 아이디어!

1차적으로 구분해야 할 것은 화장품 종류지만 화장대 위나 서랍 속에는 화장품 외에도 각종 패션 액세서리 종류를 함께 정리해두는 경우가 많다. 이러한 모든 물건을 아우를 수 있는 겉과 속의 알뜰한 수납법을 배워보자.

idea 01 화장대 위에는 작은 박스에 정리한다

자주 쓰는 화장품은 수납박스로 구분해 화장대 위에 정리한다. 이때에도, 사이즈가 큰 것보다는 작은 것 두세 개에 아이템별로 다시 한번 분류하는 것이 도움 된다. 머리카락이나 먼지를 쉽게 제거할 수 있는 디자인을 선택하도록 하며, 기타 자잘한 제품들은 세워서 보관할 수 있는 아크릴 수납함을 이용해도 편리하다.

idea 02 서랍 안의 맞춤 수납

서랍 안은 우선 전용 정리함을 넣어 물건들을 나누어 넣고, 또다시 생기는 자투리 공간은 우유팩이나 박스, 비디오 케이스를 적절한 크기로 잘라 맞춤 수납 한다.

정리함은 서랍의 높이와 폭을 잰 후 가장 적당한 것을 구입하고, 하나의 정리함 속에서 용도에 따라 칸막이를 옮길 수 있는 제품이 더욱 편리하다. 마찬가지로, 립스틱이나 매니큐어, 아이섀도 같은 자잘한 색조 화장품들은 사이즈에 맞게 상자를 자른 후 세워서 정리한다.

tip 화장품 샘플도 구분해서 정리하자!

각종 화장품 샘플들은 생각 없이 받아서 넣어두다 보면 어느새 그 종류가 방대해지고, 막상 생각날 때 사용하려면 적당한 것을 찾기 힘든 경우가 많다. 샘플은 서랍용 트레이를 이용하거나 작은 박스 등에 용도별로 구분해서 정리한다. 사용하지 않는 플라스틱 반찬 용기를 넣어 수납공간으로 활용해도 좋다. 스킨, 로션, 메이크업 제품, 팩 등으로 칸을 분류한 후, 라벨을 붙이고 세로로 세워서 정리한다. 단, 정리한 샘플들은 너무 많이 쌓이지 않도록 자주 사용해서 빠른 시일 내에 소진하는 것이 현명한 방법이다.

idea 04 액세서리의 수납

액세서리 전용함을 이용한다
자잘한 액세서리류는 칸칸 박스 속에 한데 모아 정리하면 한번에 둘러보고 꺼내기 편리하다.

idea 03 자주 사용하지 않을수록 한층 세심한 정리를!

사람의 기억력에는 한계가 있는 법. 잘 사용하지 않는 제품은 꼼꼼히 정리한 후에 화장대 가까운 곳에 정리한다. 우유팩을 이용해 꽂아서 정리하면 좋다.

목걸이는 걸어서 수납한다
보기에도 멋진 디자인 액세서리는 코르크판을 이용해서 오픈 수납해도 좋다. 좁은 공간 속에서도 엉키지 않고 단정하게 수납할 수 있다. 화장대 옆에 코르크판을 걸고 목걸이는 압정을 이용해서 건다.

머리띠는 끈에 걸어둔다
고무줄이나 리본을 압정으로 고정한 후 머리띠나 엉키기 쉬운 목걸이를 걸어둔다.

실핀은 골판지에 꽂는다
골판지를 작은 크기로 잘라 핀을 끼워두면 잃어버릴 염려가 없다. 머리끈은 두꺼운 박스에 종류별로 감아서 정리한다.

tip 반짇고리는 찾기 편한 자리에!

집 안에 하나쯤 갖추어두는 반짇고리는, 칸이 낮은 탁상용 서랍 속에 정리하면 편리하다. 서랍을 빼내기만 하면 쉽게 들고 다니면서 쓸 수 있기 때문. 서랍 안은 종이팩 등을 이용해 칸칸이 정리하며, 굴러다니는 작은 소품들 역시 비닐팩에 넣고 구분해서 정리한다. 실패나 자석을 이용하면 훨씬 편리하게 정리할 수 있다.

책상 & 서류 정리법

정보화 시대에는 우리가 누릴 수 있는 정보의 규모가 방대해지는 만큼, 자칫 흘러보내는 정보도 많아지는 것이 사실입니다. 문서화 된 수많은 데이터들 가운데 필요한 정보를 스크랩 하거나 제대로 관리하고, 또 소장용 책들을 가지런히 정리하는 방법도 익혀둔다면? 서재나 작업실이 한층 기능적인 공간으로 변신할 수 있을 거예요.

책 정리법

책을 좋아하는 털팽이. 책이 많으면 분류하고 정리하는 데도 많은 공간과 노력이 필요하다. 필요한 책을 쉽게 찾을 수 있도록 주제별로 구분하고 정리해보자.

step 1
책 구분하기

책장의 책을 요리, 인테리어, 건강, 음악, 종교, 사전, 잡지, 설명서 등 주제별로 구분한다.

몇 년 동안 읽지 않았던 책들은 처분한다. 책이 너무 많다면, 시간이 지난 잡지나 신문은 처분 1순위다. 잡지를 통째로 보관하면 보고 싶은 기사를 찾는 일도 쉽지 않다. 필요한 사진과 기사만 스크랩한 후 요리, 인테리어 등 주제별로 파일첩을 만들어 보관한다.

책 뿐 아니라, 굴러다니다가 없어지기 쉬운 각종 설명서도 전용 파일첩을 만들어보자. 고장나거나 사용법이 궁금할 때 유용하게 쓸 수 있다.

step 2
책장 위치 정하기

읽는 빈도에 따라 책장의 중간 단, 하단, 상단 식으로 위치를 정해보자.

step 3
가지런히 꽂기

책을 꽂을 때는 왼쪽에 키 큰 책, 오른쪽에 키 작은 책 순으로 가지런히 꽂는다. 잡지나 파일 등 쓰러지기 쉬운 책은 북엔드를 이용하면 공간에 여유를 둘 수 있다.

step 4
라벨 붙이기

주제별로 책장 아래에 라벨을 붙인다. 사이즈가 다른 책들은 정리할 때 순서대로 라벨을 붙이면 항상 처음 정리한 상태로 유지할 수 있다. 책이 늘어나면 1년에 한 번 정도 새로 정리해 붙인다.

책상 정리법

'정신 사납다'는 말이 있다. 책상 위가 지저분해 정신이 사나워지면 집중이 안될 뿐 아니라 책상에 앉아 있는 것 자체가 스트레스다. 책상을 정리하면 책상뿐 아니라 정신 사나운 생활까지도 기분 좋게 바뀔 수 있다.

step 1
종류별로 구분하기
영수증, 우편물, 설명서, 책, 필기도구를 모두 꺼내고 종류별로 나눈다.

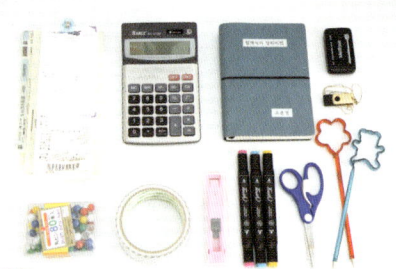

step 2
버리기
유효기간이 지난 서류와 우편물, 성능이 다한 문구류도 버린다.

step 3
물건 구역 지정하기
책상 위에는 현재 사용하는 서류와 문구류만 올려놓는다. 펜, 포스트잇, 가위, 테이프 등 자주 사용하는 문구류는 종류별로 구분해서 가장 손이 닿기 쉬운 위치에 둔다. 쌓이기 쉬운 우편물은 받으면 바로 필요한 부분만 자르고 버린다.

처리하지 않은 서류와 영수증은 클립으로, 처리한 서류는 스테이플러로 고정한다. 또 영수증은 파우치에 종류별로 모은다.

tip
쿠폰 & 카드, 전용 파일 만들기
구슬도 꿰어야 보배라는 말처럼 쿠폰과 맴버십 카드도 제때 찾아 써야 할인 받을 수 있다. 쿠폰을 받은 기억은 있는데 찾지를 못해서 할인 받지 못했다면 전용 파일을 만들어보자.

step 4
서랍 안 나누기
서랍 안에 들어갈 물건의 크기에 맞게 우유팩이나 상자, 비디오 케이스 등을 이용해 집을 만든다. 물건은 뒤적거리지 않고 바로 꺼낼 수 있게 세워서 수납한다. 잘 쓰지 않는 물건은 고무밴드로 고정해두면 훨씬 깔끔하게 사용할 수 있다.

지저분한 컴퓨터선 정리법

01 컴퓨터 본체에는 20여 개 이상의 선이 연결되어 있어서 정리하지 않으면 거미줄처럼 엉키게 된다. 엉킨 선들을 풀고 되도록 짧게 고정한다.

02 짧게 묶은 선들은 흩어놓지 말고 전선 스프링이나 끈 등을 이용해 하나로 모은다.

03 빈 상자의 옆면에 홈을 파서 모은 선들을 수납한다. 먼지를 타지 않아 청소가 줄어든다.

04 플러그는 어떤 플러그인지 구분할 수 있도록 라벨을 붙이거나 색 테이프로 구분한다.

AV 룸 소파 뒤 벽면에 설치한 책장. 사선의 형태여서 디자인적인 요소 뿐 아니라 무게와 중력에 의해 부피를 줄이는 공간 효율성까지 얻은 아이디어 가구이다. 책이 많은 서재의 한 벽면에 설치해도 좋을 듯하다. 디스퀘어.

 털팽이's advice

부자 되는 가계부 정리법

'티끌 모아 태산'이라는 말이 있죠? 쌈짓돈을 만들기는 어렵지만 일단 만들고 나면 돈이 돈을 법니다. 경기가 어려울수록 가계부를 쓰면서 계획 있게 소비하는 습관 들여보세요. 늘 빠듯했던 지갑, 넉넉하게 쓸 수 있을 거예요.

rule 1. 저축액을 먼저 떼어내고 쓰세요
아무리 많은 돈도 쓰다 보면 부족한 법, 목표 저축액을 제외하고 남은 금액으로 지출 계획을 세우세요. 그리고 하나 더! 저축한 돈 또한 목표 금액을 달성하기 전에는 없는 돈이라 생각하세요.

rule 2. 하루도 빼먹지 말고 쓰세요
한꺼번에 몰아서 쓰면 가격이 기억나지 않아 빼먹고 대충 쓰게 됩니다. 그렇게 며칠 빼먹다 보면 가계부를 그만 쓰게 될 수 있으니 날마다 쓰는 습관을 들이세요.

rule 3. 고정 비용은 먼저 떼어내세요
공과금, 학원비 등 고정적으로 들어가는 비용을 먼저 떼어놓고 쓰세요.

rule 4. 영수증을 모으세요
영수증을 모으면 지출된 내역을 빠뜨리지 않고 쓸 수 있어요. 기억력에는 한계가 있는 법, 물건을 구입할 때는 꼭 영수증을 챙기세요. 모은 영수증은 가계부에 집게로 고정하거나 지퍼백, 파우치에 보관하세요.

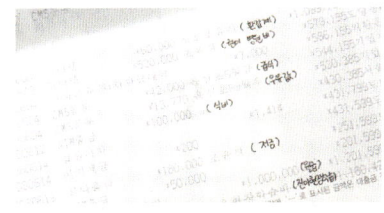

rule 5. 통장에 메모하세요
가계부를 쓰는 게 번거롭다면 체크카드를 사용하고 출금한 돈이 어떤 항목에 쓰였는지 통장에 꼼꼼히 메모하세요.

rule 6. 봉투 가계부를 만드세요
봉투 안에 일정 기간에 쓸 현금만 넣어두세요. 그리고 현금을 꺼낼 때마다 봉투 겉면에 금액을 기록하세요. 일정 기간 동안의 지출을 훨씬 효과적으로 관리할 수 있고 봉투의 현금이 바닥나면 지출을 멈출 수 있어요.

rule 7. 신용카드 사용 내역은 별도로 관리하세요
신용카드는 사용 기간과 결제일이 보름에서 45일 정도 차이가 있어요. 신용카드 사용 내역은 별도로 관리하고 사용 영수증은 따로 모아두세요. 카드 결제일이 되어 당황하는 일이 줄어들 것입니다.

rule 8. 쌈짓돈 적금
예산에서 사용하고 남은 돈은 흐지부지 써버리기 쉬워요. 남은 쌈짓돈은 다음달로 넘기지 말고 따로 모아 적금을 드세요.

욕실 수납법 :

욕실은 물건은 많지만 욕실장 하나로는 수납이 턱없이 부족한 공간입니다. 여기저기 밖에 놓고 쓰는 잡동사니를 최대한 줄이고 수납할 물건은 내부 공간을 100% 활용해서 정리해보세요. 한결 깔끔한 인상의 위생적인 분위기로 꾸밀 수 있을 것입니다.

욕실 수납의 정석

자주 사용하는 물건 고르기 **step 1**

좁은 욕실은 많은 비누와 세제, 때 타월 등으로 지저분해지기 쉬운 공간이다. 보디 클렌저가 세 너 종류씩 나와 있다면? 자주 사용하는 제품 한 두 개만 고르고 나머지는 종류별로 모아서 별도로 수납한다. 오래된 샴푸, 손님용 칫솔, 녹슨 면도기, 굳은 치약 등은 당연히 버린다.

step 2 종류별로 구분하기

소모품 종류가 유난히 많은 공간인 만큼, 사용한 후에 손쉽게 채워 넣을 수 있도록 **종류별로 구분해서** 정리하면 도움 된다. 타월과 세면용품 (샴푸·린스·보디 클렌저·세안 비누 등), 면도용품, 치약 & 칫솔, 헤어용품, 청소용품, 세탁용품 등으로 구분해보자.

step 3 수납 장소 정하기

세면대 주위에는 세수와 양치, 면도에 사용하는 물건을 쉽게 꺼내 쓸 수 있게 수납한다. 앉아서 발을 씻고, 머리를 감는 곳 주위에는 샴푸와 관련제품을 수납하는 것이 편리하다. 쓰는 장소 주위에 수납할 수 있는 장소를 마련하면 사용하고 바로 정리할 수 있어 훨씬 정돈하기 쉽다.

step 4 욕실용품은 바닥에 닿지 않게!

욕실은 환기와 채광이 좋지 않아 눅눅하고 물때와 곰팡이가 생기기 쉽다. 욕실에 물건을 수납할 때는 직접 바닥에 닿지 않게 수납한다. 물기가 있는 제품은 후크를 이용해 매달고, 세제와 소모품은 이동식 바구니에 수납해 쉽게 청소할 수 있도록 한다. 또 습기가 많은 욕실의 수납 제품은 라탄 바구니나 종이 소재보다는 플라스틱이나 스테인리스 스틸 제품을 이용한다.

step 5 라벨 붙이기

용품이 늘어날 수록 섞이기도 쉬운 만큼, 습기를 방지할 수 있는 코팅용 라벨을 붙여준다.

욕실 수납 아이디어

욕실 용품은 대부분 걸거나 매달아서 정리하는데, 건조가 빨라 위생적으로 좋은 것은 물론 청소도 용이하기 때문이다. 특히나 수납 공간이 협소한 곳이므로 꼼꼼하게 체크해보자.

idea 01 세면대 위를 깨끗이 비우자

물기가 있는 세면대 위에 비누, 렌즈, 머리끈, 빗 등이 널려 있으면 지저분할뿐더러 청소하기도 번거롭다. 세면대 주위에서 사용하는 물건은 여러 수납 아이템을 이용해 매달거나 청소가 용이하도록 정리한다.

[items]
비누 비누걸이 위에 현재 사용하는 제품 한 개만 수납한다.
칫솔 가족별로 분리할 수 있는 전용 칫솔걸이에 건다.
면도기 바닥에 눕혀두면 녹슬기 쉬우므로, 역시 전용걸이를 구입해 건다.
빗 자주 사용하는 빗 한두 개만 전용걸이에 건다.
화장품·헤어용품 수납장 속에 종류별로 넣어 정리한다.

idea 02 손잡이 달린 바구니를 이용한다

청소용품, 세탁용품은 손잡이 달린 바구니에 모아서 정리하면 사용하기 편하며, 청소 때에도 바구니만 들면 되므로 번거로움을 덜 수 있다.

 슬리퍼는 타월걸이에!

욕실용 슬리퍼는 여러 켤레를 내놓으면 발에 걸려 지저분할 뿐 아니라 곰팡이가 생기기도 쉽다. 욕실 슬리퍼는 한 켤레만 내놓고 나머지는 타월걸이를 이용해 매달아둔다.

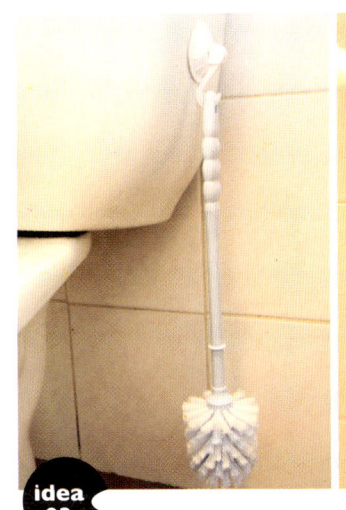

idea 03 위생을 고려해서 매달아 정리한다

매달 때는 후크나 타월걸이를 이용한다. 글루건 후크, 즉 접착면을 가열한 후 벽면에 붙이는 종류를 이용하면 타일에서 쉽게 떨어지는 것이 단점. 공기 압력을 이용한 흡착식 후크를 이용한다. 또 타월걸이에 S자 고리를 달면 여러 가지 물건을 걸 수 있다.

후크를 이용해 매달아둔다

스펀지나 때 타월은 확실히 말리지 않으면 위생적으로 좋지 않다. 샤워하면서 손이 닿기 쉬운 곳에 후크를 이용해 매달아 둔다. 변기 솔 역시 바닥에 두면 곰팡이가 나고 마르지도 않는다. 변기 옆면에 후크를 고정해서 매달아둔다(사진 위 참조).

idea 04 욕실장 정리법

자주 사용하는 물건은 아래쪽이나 오픈된 곳에, 저장용품(여분의 비누나 샴푸 등)은 위쪽에 수납한다. 수납할 물건들의 사이즈를 측정한 후, 바구니나 상자를 이용해 종류별로 구분해서 정리하고 라벨을 붙인다.

욕실장 벽면도 활용한다. 면도기나 빗을 걸어두거나, 비디오 케이스 등을 이용해서 팩과 샘플 제품 등을 정리하면 편리하다.

털팽이's advice

세면대와 수납장의 매치도 감상해보세요~

지엔느 활용을 하면서 다양한 스타일의 욕실도 눈여겨보아온 털팽이. 최근에는 욕실 역시 인테리어 감각이 돋보이는 중요한 공간인 만큼, 욕조와 타일은 물론이고 세면대와 수납장 스타일 역시 각양각색입니다. 특히 일반적으로 세면대 옆에 놓이게 마련인 수납장은 단순히 정리의 역할을 넘어서 장식미까지고 갖추고 있어요. 우리집 욕실을 다시 꾸밀 기회가 있다면, 개성적인 취향에 따라 이런 스타일을 입혀보는 것은 어떨까요?

Luxury Classic

Contemporary Modern

거울 뒤의 수납장

하나의 예술품으로 극찬받는 미국 'Kohler'사의 제품. 내추럴함과 낭만적인 디자인이 돋보이는 스타일이에요. 특히 클래식한 라인의 거울 뒤쪽으로 넓은 수납장이 숨겨져 있답니다. 수납장 내부의 선반 높이를 자유롭게 조절할 수 있는 것도 특징이예요.

서랍식 수납장

모던한 감각이 돋보이는 이탈리아 'Calxy'사의 욕실 가구. 모던한 한편으로 따뜻한 감성이 물씬 풍긴다는 점이 특징이지요. 세면대 아래쪽 수납장은 상판이 넓어서 좌우로 서랍 시스템을 채택해, 다양한 물건을 실용적으로 수납할 수 있게 했어요. 거울 뒤쪽 역시 수납공간이 마련되었답니다. 2단 선반이 갖추어져 있는데, 아래쪽에는 수건을 걸 수 있도록 디자인했어요.

Romantic Elegance

Urban Modern

봉을 설치한 세면대

우아하고 여성적이 라인이 강조된 이탈리아 'Porcher'사의 제품. 청자를 보는 듯한 느낌의 세면대와 날렵한 라인의 수전이 고급스러움을 더해주지요. 세면대에서 변기 위쪽까지 넓은 공간을 활용해 거울을 설치했는데, 역시 거울 뒤쪽으로 넓은 수납 공간이 마련되어 있어요. 특히 세면대 양쪽으로 물건을 걸 수 있도록 디자인한 걸이 프레임의 아이디어가 돋보이는 공간입니다.

세면대 아래를 활용한 수납장

블랙 컬러의 도시적 세련미가 강조된 독일 'Durabit'사의 제품. 심플한 디자인의 변기와 세면대를 모노톤의 블랙 컬러로 통일해 도회적인 분위기를 연출했어요. 인공적이고 중성적인 매력이 느껴지는 모던 스타일이죠. 기능성이 강화되어 전신을 비출 수 있는 큰 거울과 넓은 욕실장이 특징이예요. 데드 스페이스로 남기 쉬운 세면대 아래를 활용했고, 좌측의 욕실장 또한 위아래로 긴 형태를 선택해서 수납 기능을 극대화했답니다.

현관 수납법 :

현관에 놓인 신발이 가지런하면 도둑이 들지 않는다는 속담이 있을 정도로, 현관은 거주하는 이의 생활을 반영하는 거울과도 같은 장소입니다. 각종 신발이 발 디딜 틈 없이 흩어져 있는 모양새라면 들어서는 그 누구도 좋은 첫인상을 가질 수 없겠지요? 내 일상의 가장 소중한 휴식처가 펼쳐지는 첫 관문인 현관이야말로 깔끔한 정리정돈으로 편안함을 느낄 수 있어야 합니다.

현관 수납의 정석

다양하게 갖춘 신발들을 정리하기에도 벅차지만, 사실 현관에 마련된 수납장 속에는 그 외의 아이템들도 상당하다. 물건의 분류부터 적재적소 배치까지, 현관 수납의 기본 룰을 따라가보자.

step 1

신발 분류하기

계절에 따라 옷을 바꿔 입듯, 신발 역시 사계절 아이템이 각기 다르다. 우선 가족별, 계절별로 구분하는 것부터 시작하자. 사계절 내내 신을 수 있는 것과 현재 이용하는 시즌 신발, 장화 종류는 바로 꺼낼 수 있는 장소에 보관한다.

- **사계절용 신발** 구두, 운동화, 스니커즈, 슬리퍼
- **여름용 신발** 샌들, 밝은 색의 구두, 아쿠아 슈즈
- **기타 아이템** 장화, 한복용 신발 등
- **겨울용 신** 부츠, 스웨이드 또는 털 소재의 신발

step 2

버리기

옷장 못지않게 신발장도 항상 비좁은 느낌이지만, 일반적으로 신발은 옷보다 더 버리기 아까운 생각이 든다. 한정된 규모의 현관 수납장 속을 효율적으로 정리하려면, 유행이 지났거나 몇 년 동안 꺼낸 적 없는 신발을 골라내어 과감히 처분하자.

step 3

구역 나누기

신발과 우산, 공구, 열쇠, 구두 손질용품, 운동용품 등 현관의 신발장에 일반적으로 보관하는 물건들을 정리할 공간을 합리적으로 정하자.

step4
정리하기

자주 신는 신발은 꺼내기 편하게, 가끔 신는 신발은 여러 수납 아이템이나 재활용품 등을 활용하는 방법으로 최대한 많이 수납할 수 있도록 계획한다. 생활 공구나 구두용품도 종류에 따라 구분해 수납하도록.

step5
라벨 붙이기

신발장을 정리한 시스템을 오래 유지할 수 있도록, 지정된 위치마다 라벨을 붙인다. 라벨을 붙이는 작업이 다소 번거로울 수 있지만, 자주 손이 닿는 공간과 달리 오히려 물건이 잘 바뀌지 않는 신발장은 계절마다 한 번씩만 체크하면 몇 년이고 오래 유지될 수 있는 것이 특징이다.

열쇠는 신발장의 안쪽에 후크를 붙인 후, 가족별로 위치를 지정해 수납한다.

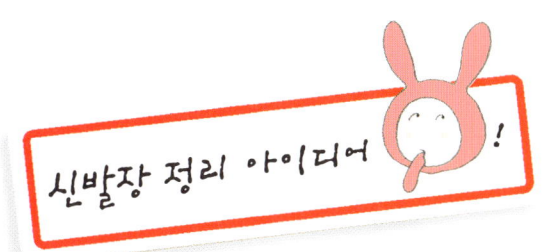

신발장 정리 아이디어

보다 많은 양을 깔끔하게 소화할 수 있는 수납법 익히기. 종이 소재의 신발 박스부터 우유팩의 재활용까지, 아이디어 용품을 이용하면 단번에 정리된다.

idea 01 신발의 수납 양을 늘려보자

자주 신는 신발은 꺼내 쓰기 편하게 놓고, 가끔 신는 신발들은 수납 전용도구들을 이용해서 수납 가능한 양을 최대한 늘린다.

신발 박스를 이용해 2단으로 수납한다

신발 박스의 앞면을 오려내고 뚜껑과 함께 쌓는다. 이렇게 하면 2단 수납이 가능하다. 어떤 신발이 들어 있는지 한눈에 알 수 있는 것도 편리한 점인데, 디자인 손상이 신경 쓰이는 고급 신발류를 정리할 때 요긴할 것이다.

신발 박스나 상자에 세워서 수납한다

신발 바닥이 마주 보도록 세워서 수납한다. 이것은 운동화, 실내화, 슬리퍼 등의 아이템에 적당하다.

폼보드지를 이용해 칸을 만든다

폼보드지를 잘라서 신발마다 칸을 만든다. 한 켤레의 공간에 두 켤레를 넣을 수 있는 아이디어로, 이때 신발은 안쪽 면이 마주보도록 해야 한다.

아이용 신발은 우유팩을 이용한다

아이들 신발은 얇고 길이가 짧아서, 정리해 넣다 보면 여분의 공간이 아까운 게 사실. 철 지난 아이 신발은 꺼내기 쉽게 우유팩의 앞부분을 자른 다음 2단으로 정리한다.

tip 박스 한 장으로! 초스피드 신발 정리법

명절이나 집들이 날, 갑자기 많은 손님이 몰려오게 되면 신발을 임시 보관할 수납장이 부족해 난처해지는 경우가 있다. 이럴 때는 빈 박스를 이용해보자. 빈 박스를 신발장 깊이에 맞추어 자른 후, V자 형태로 접어서 신발 사이사이에 다른 신발을 넣는다. 수납 효과를 단번에 두 배로 높이는 정리술로, 물론 손님 오기 전에 미리 준비를 해두는 것은 필수! 이번 모임에 당장 한 번 활용해보자.

idea 02 한 방향으로 수납한다
신발은 쉽게 넣고 꺼낼 수 있게 발등이 앞을 보게 수납한다. 한 방향으로 수납하면 훨씬 단정해 보임은 말할 것도 없다.

 idea 03 기타 용품은 중간 선반에 수납한다
생활 공구류와 기타 용품들은 선 채로 쉽게 꺼낼 수 있는 중간 단 부분에 정리한다. 이때, 무거운 공구 제품은 재활용 박스를 이용하는 대신 시판용 플라스틱 정리함이나 나무 상자 등에 넣는 것이 안전하다. 길이별, 종류별로 구분한 후 칸칸이 수납한다. 다양한 물건들이 섞이지 않도록 라벨을 붙이는 것도 잊지 말자.

idea 04 우산 전용칸을 만든다

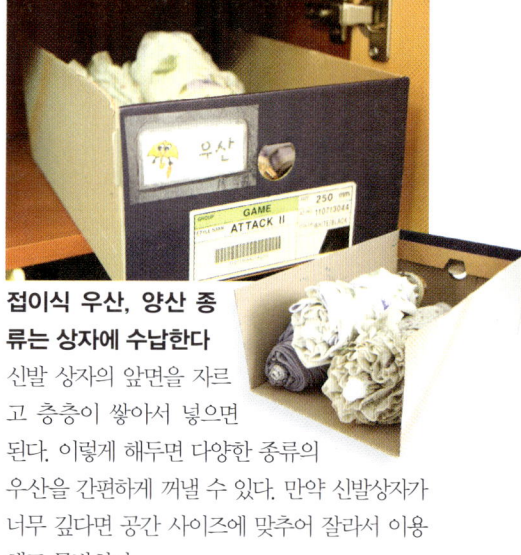

접이식 우산, 양산 종류는 상자에 수납한다
신발 상자의 앞면을 자르고 층층이 쌓아서 넣으면 된다. 이렇게 해두면 다양한 종류의 우산을 간편하게 꺼낼 수 있다. 만약 신발상자가 너무 깊다면 공간 사이즈에 맞추어 잘라서 이용해도 무방하다.

끈을 이용해서 선반 아래에 매달아보자.
신발장 깊이보다 긴 우산은 끈을 이용해서 선반 아래에 매달아보자. 애매한 데드 스페이스를 효율적으로 활용할 수 있다.

긴 우산은 수건걸이나 수납봉, 후크를 설치해서 걸어둔다.

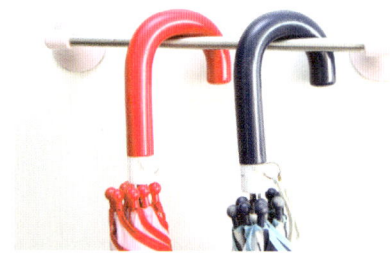

신발장의 배치, 신중히 고려하세요~

일반적인 신발장을 열어보면, 다양한 형태의 칸들이 마련되어 있지요? 이곳 역시 수납할 물건의 종류에 따라 사용하기 편한 자리가 다르답니다. 기본적으로 긴 형태의 신발장은 위쪽보다 아래쪽이 사용하기 편리하기 때문에, 아래쪽에 자주 신는 신발과 물건들을 보관하는 것이 좋습니다. 또 양문형 신발장은 왼쪽 문보다는 오른쪽 문이 사용하기 편한 위치예요. 따라서 오른쪽 아래 →왼쪽 아래→오른쪽 위→왼쪽 위 순으로, 물건의 사용빈도에 따라 정리해보도록 하세요..

아이방 수납법 :

최근에는 아이들의 세세한 행동 하나하나를 열심히 챙겨주는 엄마의 역할이 정말 만만치 않은 것 같습니다. 하지만 아이가 할 수 있는 일들은 스스로 처리하면서 자립심을 키울 수 있게끔 도와주는 것이 현명한 방법일 것입니다. 내 방 정리정돈 역시 엄마가 잔소리를 해가며 치워줄 것이 아니라 아이가 제 손으로 정리하면서 수납의 즐거움을 느낄 수 있도록 체계적인 시스템을 마련해주는 일이 무엇보다 중요합니다. 쉽게 어지럽혀질 우려가 많아 항상 신경 쓰이는 공간. 우리 아이와의 공동 작업을 시작해볼까요?

아이방 수납의 정석

기본 스텝은 다른 공간과 같은 단계를 거치도록. 아이방은 단순하면서도 깔끔하게 정리하는 것이 포인트로, 놀이나 공부 후에 스스로 정리할 수 있게끔 꾸미는 것이 수납의 정석이다.

학습용품

놀이용품

step 1
종류별로 나누기

아이방 물건은 크게 놀이용품과 학습용품의 두 종류로 나눌 수 있다. 이렇게 구분해서 각각을 별도의 공간에 정리해두어야 아이 입장에서도 놀이, 혹은 학습 한 가지에 집중할 수 있다. 단, 주의할 점은 물건을 너무 세분화해 분류하면 아이들이 스스로 정리하기 어렵다는 것이다. 부담없이 구분해서 정리할 수 있도록 최대한 단순하게 나눈다. 예를 들어 장난감이라면 로봇, 인형, 자동차, 공, 블록 등으로 아이템을 나누어보자.

step 2
처분하기

아이가 커가면서 필요한 장난감이나 책도 자주 바뀌게 된다. 망가진 장난감들은 버리고, 나머지 물건들은 재활용에 이용하거나 중고 물품으로 판매하는 방법을 고려해 보도록. 물건이 적을수록 당연히 치울 물건도 적어진다. 좁은 아이방이 필요없는 물건으로 점령당하지 않게 해주자.

step 3
구역 나누기

놀이와 학습 공간으로 크게 구분한 아이방은, 각 수납 코너에 따라 아이손이 닿기 쉬운 곳에 자주 사용하는 물건을 정리하도록 한다. 즉, 책상의 경우 앉아서 손을 뻗으면 문구류와 자주 쓰는 책을 바로 꺼낼 수 있도록 배치한다.

step 4
전용 집 만들기

수납 상자를 놓을 때는 아이가 던져서 쉽게 담을 수 있도록, 단순하고 사용하기 쉬운 제품을 선택하는 것이 포인트. 뚜껑이 없거나 쉽게 꺼낼 수 있도록 손잡이가 달린 상자, 혹은 열고 닫기 편리한 큼직한 박스 스타일이 좋을 것이다.

step 5
라벨 붙이기

엄마는 물론 아이도 한눈에 알 수 있도록 라벨을 붙여 마무리한다. 만약 아이의 연령이 낮다면 그림을 이용한 라벨을 붙여보자. 이때, 아이와 함께 라벨을 만들어 붙인다면 훨씬 즐겁고 보람 있는 시간을 보낼 수 있다.

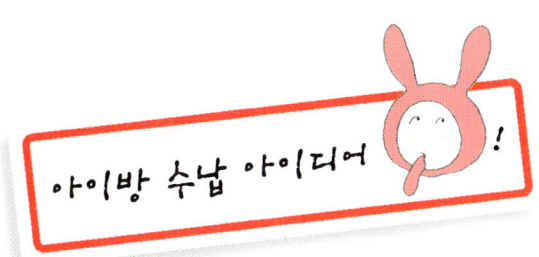

수시로 어지럽히지 않게 정리하는 털팽이식 장난감 & 책상 주변 정리의 법칙.

 장난감은 양을 제한한다

아이가 이곳저곳 어지럽히고 다닌다면?
먼저, 장난감을 놓아두는 장소가 어떻게 구성되어 있는지부터 생각해보자. 아무래도 장난감이 보이니까 그 주위에서 놀게 되는 것이 아닐까? 따라서 장난감은 한 장소에만 수납하도록 한다. 정리 박스를 여기저기에 둔다면, 온 방 안이 장난감으로 점령당할 것이다.

지정석을 마련한다
아이가 아직 어리다면 장난감을 갖고 노는 전용 돗자리나 매트, 즉 지정석을 마련해본다. 위에 앉아서 충분히 논 후에는 접어서 바구니에 담기만 하면 정리 완료! 쉽게 치울 수 있는 아이디어다.

치울 수 있는 양만 내어놓는다
아이가 스스로 치울 수 있는 양만 꺼내도록 한다. 아이들은 자주 본 장난감에 큰 흥미를 못 느끼기 때문에 이것저것 뒤적거리고 다 꺼내게 마련. 따라서, 눈에 보이는 장난감이 많을수록 더 많이 어지럽히게 된다. 장난감은 아이가 치울 수 있는 양만 내어놓도록 하자. 나머지는 박스나 상자에 담아 베란다 등에 보관하고, 적당한 기간별로 바꿔주면 좋을 것이다. 아이는 역시 새롭게 등장하는 장난감에 더 큰 흥미를 느낄 것이다.

 장난감 수납 아이템 큰 상자에 담는다

아이 장난감은 연령에 맞추어 스스로 구분해 담을 수 있도록 크게 분류한다. 이와 함께 장난감의 양에 맞춰 모두 들어갈 수 있는 넉넉한 상자를 준비한다. 손잡이나 바퀴가 달려 있어 아이가 스스로 움직이면서 담을 수 있으면 더욱 좋다.

공은 고무줄을 이용해 수납해보자. 빈 상자의 윗면에 드라이버로 구멍을 뚫고 고무줄을 걸친 후 옆으로 세워놓으면 완성!

idea 03 책상 정리법

겉으로 나와 있는 소지품의 수를 줄인다
연필은 10자루, 가위 1개, 풀 1개, 지우개 2개 등등, 꼭 필요한 소지품의 수를 정하고 나머지는 박스에 담아 다른 공간에 보관한다. 물건이 많으면 치우고 유지할 물건도 많아진다. 꼭 필요한 문구류 외에는 별도의 상자에 보관한다.

책은 번호 라벨을 붙여준다
넘어지고 쓰러지는 책이나 공책은 파일함이나 북엔드를 이용해서 구분하고 넘어지지 않게 정리한다. 이때, 크기가 다른 아동용 책들은 정리하면서 번호 라벨을 붙여서 순서를 표시한다. 이 순서대로 꽂으면 항상 그 모양 그대로 깔끔하게 유지된다.
01 책은 키순으로 세운다.
02 책의 앞면을 맞추면 훨씬 단정해 보인다.
03 번호 라벨을 붙인다.

낮은 칸칸 서랍장에 정리한다
아이 소지품은 낮은 칸칸 서랍장에 정리한다. 서랍마다 연필, 색연필 식으로 구분하고 라벨을 붙인다. 물건 서랍 안에서 넘치지 않고 넉넉히 들어가도록 구분한다.

idea 04 옷 & 가방 정리법

칸칸 세로 수납한다
아이 옷은 뒤섞지 않고 스스로 꺼낼 수 있도록 칸칸이 세로 수납한다. 입던 옷 정리함을 만들어두면 좋다. 갈아입고 난 후 스스로 개어놓을 수 있도록 일정한 장소를 정해주도록 한다.

가방은 큰 바구니에 모아서 정리한다
외출 후 습관적으로 정리할 수 있도록 출입구 쪽에 바구니 코너를 만드는 것이 포인트!

tip 의자 등을 활용한 알짜배기 수납 코너
책상 의자 등에 월 포켓(wall pocket)을 달아보자. 포켓에 넣고 꺼내기만 하면 되므로, 작은 문구류나 소지품을 아이 스스로 정리하기에 더없이 간편하다.

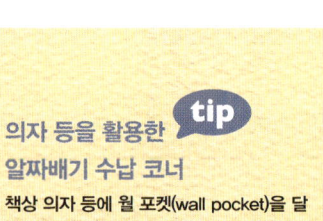

아이와 함께 우유팩 문구함을 만들어볼까요?

엄마와 아이가 함께 만들어서 더욱 재미있는 공작 시간.
우유팩에 색색의 시트지를 입혀 만든 연필꽂이는 재활용의 의미 뿐만 아니라
아이 스스로 물건을 정리할 수 있는 계기를 만들어 줄 수도 있답니다.

01 우유팩과 시트지를 준비합니다. 우유팩은 윗면을 적당히 잘라 반듯한 사면체로 만들어두세요.

02 우유팩에 시트지를 붙입니다.

03 물건을 채웠을 때 넘어지지 않도록, 우유팩 4개를 붙여줍니다.

04 각 케이스마다 전용 문구 수납을 위한 라벨을 붙이면 문구류가 섞이지 않아 편리해요.

PART 2

공간 스타일별
수납의 법칙

사실, 달팽이 역시 집을 치우고 정리정돈 하는 일은 쉬운 일은 아니에요. 손이 많이 가고 큰맘 먹고 해야 하는 일이지만 정리정돈을 한 후에 가족들이 즐거워하는 모습은 수고 이상으로 보람 있는 일이에요. 공간을 하나씩 정리해갈수록 내가 정돈한 공간이 오히려 나와 가족들을 변화시킨다는 섬이 수납의 가장 큰 즐거움일 거예요. 달팽이와 함께 배웠던 수납의 기술들을 이용해, 이웃 블로거들의 공간을 깔끔하게 정리해볼까요? 변화된 공간을 하나하나 들여다보는 재미도 쏠쏠할 거예요.

수납계획을 세워볼까요?

물론 수납을 고려해 가구를 짜 맞추거나 구입하면 가장 좋겠지만, 이런 여력이 안 될 경우 수납의 기술과 재활용 도구 등을 이용한 아이템들로도 충분한 효과를 기대할 수 있어요. 수납으로 공간을 정리하기 전에는 먼저 가족이 현재 어떤 불편을 느끼고 있는지 육하원칙에 맞추어 구체적으로 체크해보는 것이 중요하답니다. 일기나 리포터를 쓰는 기분으로 '육하원칙 수납계획'을 세운다면 기능적이면서 보기도 좋은 우리 집 인테리어를 완성할 수 있어요.

1 who
누구 가족 전체를 위한 수납인가요? 아니면 한 구성원을 위한 수납인가요?

2 when
언제 정리정돈을 시작하는 시기와 소요 시간을 계획했나요? 일반적으로 방 하나를 수납하는 경우는 하루가 걸리고, 작은 서랍장이라면 두세 시간 정도 할애해야 한답니다.

3 where
어디에 집의 어떤 장소를 수납 공간으로 계획하고 있나요?

4 what
무엇을 어떤 대상을 수납할 것인가요?

5 why
왜 어떤 문제점을 해결하기 위해서인가요? 공간 부족과 수납가구의 부족, 혹은 정리 습관 결여 등등. 문제점이 무엇인지 진단해봐야 하지 않을까요?

6 how
어떻게 어떻게 해결하고 싶은가요? 수납가구를 맞추고자 하는지, 아니면 배치는 그대로 두고 수납 아이템들을 활용해서 해결하려고 하는 것인지요?

CASE 1 신혼부부의 20평형 복층 오피스텔
수납의 기술로 이색 휴식 공간을 마련하다

blogger : 다리아

data 결혼 2년차 신혼부부의 공간으로, 주인이 안목 있는 인테리어 센스를 발휘하여 세련되고 깔끔한 인상을 풍긴다. 독신 혹은 신혼부부의 로망인 복층 구조 오피스텔인 만큼, 곳곳에 붙박이장 등의 수납공간이 기본적으로 갖추어져 있는 것이 특징. 하지만 이들 부부가 느끼는 가장 큰 고민은 아래층의 메인 공간을 심플 모던 스타일로 정리하고 장식하는 과정에서 2층이 짐으로 꽉 차버렸다는 점이다. 계절 지난 옷 박스들과 여행용 트렁크, 레저용품 등등이 뒤섞여 색다른 기능을 갖출 수 있는 공간이 마치 창고처럼 사용되고 있는 것. 물건들을 깔끔한 느낌으로 정리하면서 이곳 역시 안락한 생활 공간의 이미지를 갖추고 싶다.

육하원칙 수납계획

Who 부부
When 주말 하루
Where 집 안 전체
What 전체적인 물품 점검 & 복층의 짐들
Why 베란다가 없어서 수납공간이 부족한 만큼, 짐을 쌓아둔 복층의 활용도가 떨어진다
How 가구 배치는 그대로 두고, 내부 정리와 수납 전문용품의 활용으로 공간에 새로운 정리 아이디어를 입힌다

before

진단해볼까요?

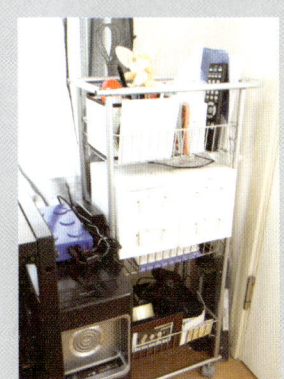

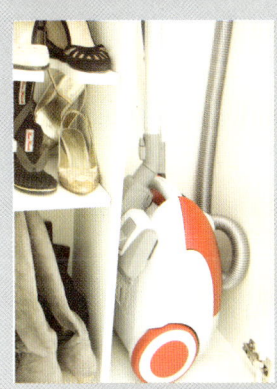

옷장 기본적으로 옷장 속 정리가 잘 되어 있으며, 종류별로 구분은 물론 옷장 하단의 여유 공간에도 2단 선반을 설치해 효율성이 좋다. 단, 옷장 상단과 하단 선반에 물건들이 어수선하게 섞여 있는 것이 문제. 우선 종류별로 구분해서 찾아 쓰기 편하게 박스에 수납하면 좋을 것이다.

냉장고 빌트 인으로 설치된 냉장고의 내부가 넓지 않아서 조금만 음식이 늘어나도 복잡한 인상을 주는 공간. 냉장고를 효율적으로 이용하는 데 초점을 맞춰 정리한다. 구역을 나누어 공간을 새롭게 분배하고, 오래된 음식들은 과감히 처분한다. 또 냉동실 안의 입구가 열린 채 방치된 음식들은 진공 팩을 이용해서 부피를 줄여 정리한다.

신발장 부부가 사용하는 신발장이므로 수납에 큰 어려움은 없지만, 신발이 종류별로 워낙 많아 신발을 장 속에 쌓아둔다는 인상을 준다. 이렇게 쌓아두게 되면 형태가 망가지는 것은 물론 바로 찾아 신기에도 쉽지 않다. 적절한 수납 아이템을 활용해 신발 형태를 보존하고 공간효율도 높이는 데에 사용하는데 중점을 두도록 한다.

복층 여분의 짐을 보관할 베란다가 없다 보니, 자연스럽게 복층 공간이 창고 개념으로 변하게 되었다. 사용하지 않는 물건을 없애고 공간을 많이 차지하는 물건은 기능적인 전용 박스 속에 보관하도록 한다. 특히, 수납의 배열 상태를 바꾸어 새로운 휴식 공간을 만들어준다.

거실

좁지만 여유 있어 보이는, 정돈된 인상의 공간

가구의 키를 맞춘다

좁은 공간에서는 가구의 키를 맞추면 훨씬 안정되어 보인다. 키가 다른 가구 3개를 늘어놓을 때는 중앙에 낮은 가구를, 사이드로 키 큰 가구를 배치한다. 이 집의 경우 중앙에 TV 장식장을 놓고 좌우에 키 큰 책장을 배치해 양쪽으로 수납공간을 마련했다.

오픈 수납을 할 때에는 컬러를 고려한다

오픈 된 장식장에 물품을 정리하는 경우에는 디자인을 고려한 바구니나 박스를 이용한다. 이때, 드러나는 컬러는 세 종류 이하가 적당하다. 선반이나 프레임 컬러와 통일하거나, 또는 전체적으로 비슷한 톤을 이용하면서 포인트 컬러를 더해주는 것이 좋은 방법. TV와 같은 블랙 컬러의 트레이, 박스와 함께 우드 톤의 미니 서랍 소품을 첨가했다.

수납 기능을 갖춘 가구 선택

좁은 거실에는 수납과 장식을 겸비한 가구를 놓는 것도 아이디어. 아담한 소파 테이블 역시 의외의 수납공간을 갖춘 것으로 선택한 것이 특징이다. 특히 공간이 협소한 소파 주변은 서랍장을 열기가 힘든데, 측면에서 서랍을 빼낼 수가 있어 이용이 한층 편리하다. 정리의 포인트는? 서랍이 안쪽으로 꽤 깊은 만큼 적절한 사이즈의 수납 박스를 넣고 비슷한 용도의 물건들을 정리해두면 하나씩 꺼내기 쉽고 이동에도 편하다.

소파는 ㄴ자 형태로 배치한다

20평형은 공간이 좁아 소파를 놓았을 때 자칫 답답해 보일 수 있다. 벽면을 따라 ㄴ자형으로 배치한다면 공간이 절약되는 것은 물론, 전체적으로 아늑한 분위기를 낼 수도 있다.

색상을 통일한다

공간이 넓어 보이도록 밝은 색상의 벽지를 사용했으며, 가구 역시 깔끔한 화이트 톤으로 통일했다. 한편으로 쿠션과 커튼 등의 소품에 포인트 컬러인 블랙을 곁들여, 전체적으로 모던 스타일의 모노톤 느낌이 강조된 공간을 완성했다.

현관 & 신발장

신발 케이스와 실사 라벨을 이용한 칸칸 정리술

전용 슈즈 랙을 활용한다

꼼꼼히 확인하는 것과 일일이 꺼내기 번거로워하는 우리 남편 신발은? 슈즈 랙을 이용하는 것이 베스트! 엇갈려 쌓으면서 정리할 수 있는 효율적인 방법으로 계절 지난 아이템은 물론 가끔 신는 신발들 역시 안쪽에 수납할 수 있어 번거로움을 반으로 줄여준다.

박스의 내용물은 알기 쉽게 표시한다

속에 든 신발을 눈으로 확인하기 어렵거나, 기타 물품들을 확실히 표현하기 어려운 경우에는? 사진을 찍은 후 출력한 이미지를 직접 붙여둔다면 보기 좋은 라벨로 활용할 수 있다.

신발장은 제대로 구역을 나눈다

신발장의 선반은 자주 사용하지 않는 물건을 수납하기에 적합한 공간이기도 하다. 페트병, 우드락, 박스 등을 활용하면 효율적으로 수납해 공간을 절약할 수 있다. 젊은 부부인 만큼 다양한 패션에 어울리는 여러 종류의 신발이 많았는데 공간이 부족해 신발을 쌓아두다 보니 신발도 망가지고 찾기도 힘들었다. 신발 형태 자체에 변형을 주지 않으면서도, 한 공간에 두 켤레를 수납할 수 있는 신발 박스를 이용했다. 이러한 전용 용품들은 인터넷 숍을 통해서도 다양한 컬러와 디자인 제품을 구입할 수 있다.

계단

복층 구조의 계단에
마련된 시스템 수납장 활용

파우치와 박스를 이용한다
개별적인 사용이 아닌, 가족 공용을 고려한 수납공간을 위해서는? 손잡이가 달린 파우치 형태의 정리용품을 이용하면 한층 편리할 것이다. 필요를 느끼지는 못해도 기본적으로 갖추어두어야 할 반짇고리의 경우, 공간을 절약할 수 있는 사각형의 천 소재 박스에 칸칸이 나누어 수납한다.

도어 후크, 또 다른 수납 아이디어!
모자나 가방, 우산 등등 가벼운 외출에 자주 이용하게 되는 소소한 생활 소품들은 도어 후크에 걸어보자. 계절에 따라 사용하는 아이템을 한 번씩 바꾸어주는 것만으로도 시선을 즐겁게 만든다.

계단 아래 수납장의 활용

최근 복층 구조에서 쉽게 볼 수 있는 계단 아래쪽 수납공간 역시 데드 스페이스의 여지를 남기지 말고 꼼꼼히 정리할 수 있는 방법을 한 번 더 생각해보자. 계단 높이에 따라 수납장의 높이도 달라지는데, 우선 낮은 코너에는 거실에서 주로 사용하는 물건을 정리했다. 한편 높은 공간에는 3단식 분리수거함을 그대로 넣어 열었을 때도 깔끔한 인상을 풍기는 것이 특징. 밖으로 두면 또다시 일정 공간을 차지하는 생활 필수 소품인 만큼 층층이 쌓는 디자인을 선택한다면 할애 면적을 1/3로 줄일 수 있어 효율적이다.

주방

좁은 ㄷ자 형의 조리 공간을 최대한
효율적인 동선으로 움직일 수 있는
배치 아이디어 엿보기

동선에 맞추어 물건을 배치한다

주방의 식재료와 소도구를 동선에 맞춰 배치했다. 개수대에서 재료를 씻은 뒤 조리대에서 음식을 만들고 가스레인지 쪽으로 옮기게 되는데, 이때 조리기구와 양념을 한손으로 꺼내 쓸 수 있는 반경 내에 배치하는 것이 좋다. 개수대에는 볼과 냄비를, 조리대에는 양념과 칼, 도마, 조리기구 등을 배치한다.

아일랜드 조리대의 수납장 활용

식탁을 별도로 놓을 수 없는 좁은 거실이어서 아일랜드 조리대를 ㄷ자형으로 설치해 식탁과 수납장으로 활용했다. 오픈 수납을 하면 먼지 타고 깔끔해 보이지 않는 밥솥, 토스터 등의 주방 전자제품을 안쪽에 수납했다.

식재료는 서랍에 수납한다

봉투째 사온 쌀과 잡곡은 보기에도 안 좋을뿐더러 따로 수납할 공간이 없어 바닥에 두고 공간을 차지하기 쉽다. 쌀은 소포장 단위로 구입해 스테인리스 스틸 용기에, 잡곡들은 페트병과 작은 용기에 수납했다. 쓸 때마다 허리를 굽혀야 하고 안쪽까지 활용하기도 어려운 하단을 서랍으로 활용하면 키 큰 병이나 자주 쓰는 냄비, 프라이팬 등을 꺼내기 편하고 안정감 있게 수납할 수 있다.

수납 아이템 활용

주방이 좁아서 접시를 높이 쌓아놓고 사용했는데, ㄷ자 선반을 활용해 2단으로 분리해 꺼내기 쉽게 수납했다. ㄷ자 선반 아래에는 사용 빈도가 낮은 그릇을, 선반 위에는 자주 쓰는 그릇을 배치하는 것이 사용하기에도 편리하다.

사용하기 편한 조미료의 배열

상부장의 경우, 키 큰 조미료는 키순으로 세우면 안쪽의 병들도 쉽게 보여 한눈에 찾을 수 있다. 특히 넘어지지 않고 꺼낼 수 있도록 높이 있는 바구니를 이용했다. 손이 닿기 어려운 상단의 식재료도 바구니에 담으면 바구니째 쉽게 꺼낼 수 있어 의자에 올라가서 확인하지 않아도 된다.

냉장고

털팽이 스타일로 정리한
냉장고 속 정리 노하우

사용 빈도에 맞추어 식품의 자리를 정한다
좁은 붙박이 냉장고여서 음식이 많지 않아도 쉽게 흐트러지고 찾기 어렵다. 냉장실 안의 음식을 꺼내고 종류별로 나눠서 선반마다 제자리를 정해주고 라벨을 붙여줬다.

항상 사용하는 식재료는 전용 용기를 만든다
항상 구입하는 식재료는 전용 용기를 만들어주었다. 자투리 야채나 두부처럼 항상 구입하는 식품은 공간을 절약하고 신선하게 유지시켜주는 별도의 전용 용기에 보관하는 게 좋다. 특히 자투리 야채나 과일은 위아래 나누어진 용기에 보관했는데, 칼집이 들어간 자투리 야채일수록 봉지째 보관하기보다는 전용 용기에 보관해 신선도를 유지하는 것이 좋다.

반찬은 투명 사각 밀폐용기에 보관한다
냉장고의 용량이 작을수록 공간을 효율적으로 이용할 수 있는 투명한 사각 용기에 보관하는 게 좋다. 용기의 크기가 비슷하면 차곡차곡 수납할 수 있어 공간을 훨씬 효율적으로 사용 할 수 있다. 원형보다는 사각형이 빈 공간이 생기지 않아 공간을 더 효율적으로 이용할 수 있다.

일회용 소스류의 보관
섞여 있어 찾기 힘들었던 일회용 소스들은 트레이에 모아서 보관했다. 찾기도 쉽고 쌓아 쓸 수 있어 공간도 절약할 수 있다. 음료 역시 마찬가지.

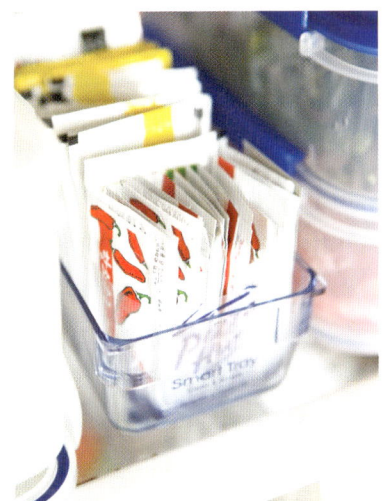

봉지 식품의 보관
신선 칸이 따로 없어서 신선도를 유지해야 하는 햄, 어묵, 남은 고기들을 봉지를 연 채 보관하고 있었다. 칸칸이 나눠진 넉넉한 밀폐용기에 보관했는데, 문을 열고 닫아도 냉기가 쉽게 빠지지 않아 재료를 훨씬 신선하게 보관할 수 있다.

냉동식품은 진공 포장한다
대용량을 구입한 냉동식품은 진공 포장하면 건조되지도 않고 신선하게 먹을 수 있다. 특히 냉동실에 보관한 식품은 잘 부패하지 않기 때문에 유통기한 없이 보관하기 쉬운데 냉동실의 적은 산소만으로도 산화되기 때문에 오래되면 건강에 좋지 않을 수 있다. 진공 포장해 보관하면 산화를 막아줘서 훨씬 시서하게 보관할 수 있다.

침실 & 옷장

침대, 옷장, 화장대와 작업 공간까지 모두 갖춘 부실의 다양한 수납 아이디어

침구는 압축팩에 보관한다

붙박이장 위 칸은 손이 닿기 어려운 공간이어서 밀어 넣은 잡동사니로 정리가 잘 되지 않았다. 잡동사니들은 아래 칸에 박스를 이용해 차곡차곡 정리하고 위 칸에는 침구를 압축백 그대로 보관했다. 계절 지난 침대보나 커튼 등 압축되어도 손상되지 않는 침구류는 압축백을 이용하는 것이 좋은데, 공간도 덜 차지할 뿐 아니라 진드기나 곰팡이도 막을 수 있다.

화장대 대용의 사이드 테이블

침대 주위의 사이드 테이블에는 필요 없는 물건을 쌓아놓고 사용하기가 쉽다. 화장대 경대 2개를 쌓아서 수납이 가능한 사이드 테이블로 사용해 화장대와 테이블 겸용으로 이용했다. 내부는 칸칸이 박스를 활용해 섞이지 않게 수납했다.

책상 위는 트레이로 정리한다 서류와 영수증, 메모지 등이 쌓여 있던 책상 위는 쌓을 수 있는 트레이로 정리했다. 서류 등을 구분해 수납한 뒤 쌓을 수 있어서 어수선한 책상을 말끔히 치울 수 있다.

카트형 소가구의 활용

컴퓨터 책상에 서랍이 없어서 카트를 이용해 부족한 수납을 보완했다. 컴퓨터 관련 용품과 문구류를 주로 보관했는데, 카트는 서랍이 나눠져 있지 않아 지저분해지기 쉬워 소형 서랍과 바구니, 밀폐용기를 이용해 수납했다. 하단은 문칸 전용 2단 용기를 이용해 수납했는데, 충전기, 배터리 등을 종류별로 나눠 수납하기에 좋다.

스카프는 파일함을 이용한다

스카프는 접어서 넥타이 걸이에 걸었는데 구겨지면 외출할 때 다시 다림질을 해야 해서 번거로웠다. 스카프는 외출할 때를 대비해 구겨지지 않게 파일함에 세워서 정리했다. 일반적으로 파일함 하나에 8장 정도의 스카프를 수납할 수 있다.

옷장 하부의 박스 활용술 옷장 하부 공간은 2단 선반으로 나눠 사용하는데, 이때 박스를 이용하면 훨씬 효율적인 수납을 할 수 있다. 구겨지기 쉬운 와이셔츠는 전용 박스에 보관하면 넓게 접어 넣을 수 있어 구김과 손상 없이 보관이 가능하다. 손이 닿기 쉬운 하단은 이동이 쉬운 손잡이 박스를 이용해 자주 사용하는 물건이나 모자, 수영복 등을 수납했다

욕실

심플한 박스로 수납 양을
최대한 늘린 선반 코너

크기와 색상을 맞춘 욕실장 용품들
욕실장의 내부는 물품을 종류별로 분류한 뒤, 박스를 잘라 만든 수납용품을 이용해 수납했다. 박스는 폭과 높이에 맞춰 포장지를 붙여 만드는데, 크기가 맞는 박스가 없다면 박스를 줄이거나 늘리면 된다. 다양한 물건을 일렬로 수납할 경우 복잡해 보일 수 있으므로 제품이 약간만 보일 정도로 박스를 높여 통일되고 안정되어 보이게 한다.

복층

수납의 승리!
특별한 휴식 공간으로
변신한 복층

아담한 독서 공간 마련하기
복층의 2층 공간은 아늑하지만 천장이 낮아 설 수 없는 단점이 있다. 따라서 앉거나 누워서 시간을 보낼 수 있는 침실, 휴식 공간 또는 미니 서재로 활용해볼 수 있을 것이다. 각종 짐들을 콤팩트하게 정리해서 생긴 여분의 공간에 낮은 테이블과 좌식 매트를 놓아 책을 보고 차를 마실 수 있는 코너를 만들었다. 좌식 소파는 요를 반으로 접은 뒤 천을 씌워서 간단하게 만들 수 있으며, 푹신한 쿠션을 매치하면 보다 안락함이 느껴진다. 벽면에 붙일 수 있는 깜찍한 디자인의 전구 조명까지 달면 한층 분위기 있는 스타일로 완성된다.

천 한 장으로 전체를 가린다
오피스텔은 베란다가 없는 것이 가장 아쉬운 점. 따라서 오르내리기에 다소 번거로운 복층 공간을 이용해 짐을 보관하는 경우가 많다. 각종 짐들을 올린 그대로 배열하다 보니 좌우로 흩어지면서 공간 전체를 차지해버려 창고처럼 돼버리고 말았다. 정리 방법은? 사용하지 않는 물건을 1차적으로 처분하고, 공간을 많이 차지하는 짐들을 전용 박스에 넣은 뒤 배치를 바꿔보기. ㄴ자형 구조의 안쪽으로 짐을 모두 모아놓으니 직사각형의 넓은 공간이 새롭게 마련되었다. 집 전체 분위기와 어울리는 블랙 & 화이트의 스트라이프 천을 압정으로 고정해 간이 파티션을 만든 것도 특징. 공간이 확실하게 구분되면서 인테리어 감각도 살릴 수 있다.

효율적인 보관용품 이용하기 짐을 쌓을 때는 쉽게 찾아 사용하기 편하도록 전용 박스 용품을 활용한다. 층층이 쌓을 수 있는 락앤락의 천 소재 박스를 이용했는데, 통기성이 좋아 고급 소재의 옷들도 소재를 손상시키지 않고 많이 보관할 수 있다.

CASE 2 5인 가족의 30평대 아파트
수납 기능 가구에 장식미를 곁들인 공간

blogger : 딸기핑키

data 결혼 10년차의 아이 셋을 둔 주부의 공간으로, 전체적으로 아기자기하고 톡톡 튀는 아이디어가 느껴진다. 리폼과 DIY를 즐기는 만큼 직접 만들거나 디자인을 입혀 주문 제작한 소가구, 퀼트 소품으로 곳곳에 독특한 색감과 아이디어가 깃들어 있다. 한편 이 집 주부가 느끼는 가장 큰 고민은, DIY 공구와 아이들 물건으로 짐이 많은 데다가 유명 블로거인 만큼 일상이 바빠 정리가 잘 안 된다는 점이다. 스타일리시한 소가구를 100% 활용해 질서를 갖춘 정돈된 공간으로 이미지를 바꿔보고자 한다.

육하원칙 수납계획

Who 가족 전체, 즉 부부 + 세 아이
When 2일간
Where 집 안 전체
What 전체적인 물품 정리 &
특히 작업 공간과 소가구 주위의 정리
Why 취미 용품과 소품의 양이 지나치게 많음
How 수납 아이템과 배치 방법 변경

before

진단해볼까요?

옷장 옷장 속 정리 상태가 그다지 합리적이지 않다. 특히 옷의 종류별 구분이 없으며 옷을 개는 방법도 일정하지 않은 것이 문제. 거는 옷은 종류별로 구분하고 기타 옷들은 개는 방법을 통일한 뒤, 꺼낼 때 흐트러지지 않도록 수납한다.

거실 붙박이장 집에서 펠트 강좌를 열고 있어서 유독 천들이 많은데, 양이 방대하다 보니 사용하지 않는 것들은 붙박이장에 넣어두게 된다. 화장지나 세제 등의 생필품도 찾기 어려운 것은 마찬가지. 선반의 높은 곳에는 서랍장을 넣어 깔끔하게 정리하고, 생필품은 종류별로 구분한 뒤 박스를 이용해 바로 찾기 쉽게 수납한다.

냉장고 냉장고 공간은 넓지만 음식을 대량으로 구입하다보니 항상 냉장고 안에 음식물이 가득해 찾기도 어렵고 관리상태도 좋지 않았다. 음식을 모두 꺼내 오래된 음식은 버린 후 밀폐용기에 옮겨 부피를 줄인다. 구역을 나눠 정리하고, 섞이지 않도록 선반마다 라벨을 붙인다.

작업실 펠트 작업 전용 공간이 마련되어 있는데, 천과 작업 도구들이 찾기 어려울 정도로 흐트러져 있어 오히려 작업하는 데 방해가 된다. 작업용 도구와 재료들은 종류별로 전용함을 만들고, 책상 위는 최대한의 공간을 비워 방해 요소를 제거하도록 한다.

거실

메인 가구마다 제각각의
수납 스토리를 품은 거실

다양한 물건을 단정하고도 아름답게 꾸미는 수납에 중점을 두자

30평대 이상은 원하는 가구를 배치하고 원하는 목적의 공간을 꾸미기에 충분한 평수다. 수납과 장식이 함께 해결되는 소파와 장식장을 이용해 다양한 물건을 아름답게 수납했고, 프로방스풍의 널찍한 벤치형 소파와 안락의자, 허브티와 용품을 수납하는 수납장을 배치했다. 핑크색으로 페인팅한 벽과 나비, 따뜻한 펠트 소품, 장식장 위의 식물이 아늑한 분위기를 더한다.

거실 수납에 한몫하는 벤치형 소파

하부에 넉넉한 수납장이 있는 벤치형 소파를 두어 거실에서 사용하는 살림살이와 책들을 수납했다. 소파에서 많이 사용하는 펠트용 드로와 리모컨은 함을 만들어 넣어두고, 요나 천들은 구김 가지 않게 말아서 뒤적거리지 않고도 한눈에 찾아 꺼낼 수 있게 세워서 수납했다. 넓고 깊은 서랍 안은 물건이 섞이지 않도록 칸을 나누어 보관했으며, 책은 종류별로 구분해 서류꽂이에 꽂았다.

널찍한 수납공간이 있는 박스형 스툴

작은 스툴 하나도 수납공간을 더했다. 등받이가 없기 때문에 테이블 아래에 쏙 들어가 공간을 훨씬 절약할 수 있다. 손님들이 많다면 보조 의자로 사용해도 좋다. 밀고 다니는 의자이기 때문에 가벼운 제품을 수납하는 것이 좋은데, 자주 쓰는 물건이나 높이가 있는 스프레이들을 보관하면 좋다. 높이가 있는 박스이므로 내부는 칸을 나눠 세로로 수납했다.

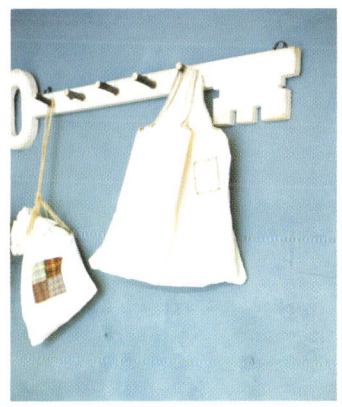

걸이의 활용 벽은 수납공간으로 활용하기 좋은데 열쇠 모양 걸이를 이용해 다양한 물건을 걸었다. 자주 사용하는 물건을 패브릭 주머니에 담아 걸어서 수납과 장식을 겸했다.

간식 보관 코너 브레드 함을 이용해 간식 전용 코너를 꾸며봤다. 스탠드 보관함을 2단으로 쌓아서 칸칸으로 수납하고, 길이가 긴 과자는 컵에 꽂았다. 사탕 병은 빈 병에 빈티지 라벨을 붙여서 만들었다.

철망 장식장을 활용한 반 오픈 수납 집 안 유독 천들이 많은데, 펠트 천을 예쁘게 말아서 철망 장식장 안에 차곡차곡 수납했다. 예쁜 물건들은 유리나 철망 소재의 문을 이용해 보이게 수납하는 것도 좋다.

안방

가지런한 옷정리와
화장대 코너 꾸밈으로
쾌적함을 느끼게 하는 공간

선반과 서랍장 위를 활용한 화장대
서랍장 위에 선반 하나를 달아 화장대로 활용했다. 선반은 앞으로 열 수 있는데 자잘한 화장품과 보이기 싫은 물건들을 감춰서 수납하기에 좋다. 서랍장 위는 높이 있는 화장품과 액세서리를 나무 트레이에 담아 정리했다. 저렴한 원목 트레이를 구입해 선반과 맞춰 핑크색으로 페인팅한 뒤, 포인트가 되는 리본이나 소품을 붙여줬다.

구역을 나누고 흐트러지지 않게 수납한다
주부가 바쁜 만큼 옷장 안의 옷들이 종류가 구분되지 않고 흐트러져 있어 찾아 입기 힘들었다. 먼저 거는 옷과 개는 옷을 구분했다. 거는 옷 가운데 계절이 지난 옷은 종류별로 모아서 옷 커버를 씌운 다음, 한 방향으로 거는 것을 기본으로 하여 길이별로 걸어 짧은 옷 아래의 여유 공간에 파카 등의 옷을 말아서 수납했다. 개어놓는 옷은 세로 수납을 했다. 가로로 차곡차곡 개어놓으면 아래의 옷까지 모두 뒤적거려야 해서 옷이 쉽게 무너져 내리는데, 세로로 수납하면 그럴 염려가 없다. 바지 아래의 여유 공간에는 꺼내기 쉬운 서랍식 수납함을 넣었다.

주방

개수대와 식기 세척기 옆으로 이동해 편리성을 더한 식기 코너

조리 동선에 맞춰 수납한다

조리 동선과 물건의 사용 빈도를 고려해 주방의 구역을 나누고 물건을 배치한다. 식기는 세척기 옆에 배치해 건조되면 바로 정리할 수 있게 배치한다. 밥그릇은 슬라이딩으로 당겨서 꺼내 쓰기 편하게 높이 있는 바구니에 담고, 접시는 접시 꽂이에 꽂는다. 대접은 전용 아이템을 이용하면 쓰러지지 않게 쌓을 수 있다.

오픈 수납 할 때는 소재를 통일한다

식탁 위에는 선반을 달아 자주 마시는 차들을 수납했다 나무 선반에 오픈 수납을 할 때는 나무, 천, 유리, 돌과 같은 비슷한 소재를 사용해 소재를 통일하는 것이 좋다. 비슷한 물건을 균형 있게 배치하면 더욱 정돈되어 보인다.

현관

내추럴한 스타일의 벤치에
자주 신는 신발만 한데
모아 정리한 이색 코너

자주 신는 신발을 정리할 수 있는 벤치

자주 신는 신발을 현관 앞에 벗어놓으면 발에 밟혀 지저분해지고 보기에도 어수선하다. 현관에 벤치를 두어 자주 신는 신발을 정리했다. 앉아서 신발을 신거나 구두를 닦을 때도 좋다.

붙박이장

들어 있는 물품이
한 눈에 파악되는, 컬러
칠판을 입힌 수납 코너

칠판 시트지로 물건의 목록을 기록한다

집 안에서 사용하지 않은 물건이 두서없이 쌓이는 붙박이장은 정리하는 일이 여간 만만치 않다. 특히 대부분 가끔 사용하는 물건이다 보니 시간이 지나면 무엇이 있는지 기억하기 힘들다. 붙박이장 앞에 썼다 지울 수 있는 칠판 시트지를 이용해 물건의 목록을 기록했다. 문을 열지 않고도 물건의 목록과 수량을 알 수 있다. 붙박이장 내부는 물건을 종류별로 구분해 꺼내기 쉽게 정리하는데, 선반이 크게 나눠졌을 때는 인출형 서랍장을 이용해 정리하면 꺼내기 쉽다. 서랍장 위에는 자주 사용하는 물건을 바구니에 담아 정리했다. 또한 가끔 쓰는 물건일수록 선반마다 종류별로 나누어 꼼꼼히 라벨을 붙여 찾아 쓰기 쉽게 수납한다.

베란다

휴식과 작업을 겸한
공간 속에 매치한 개성적인
소가구 아이템 엿보기

벤치를 놓은 베란다 휴식 코너
채광이 잘되는 베란다에 책을 읽고 차를 마실 수 있는 휴식 공간을 꾸몄다. 벤치 옆에는 잡지꽂이를 두고 자주 읽는 책을 수납했다.

사과 박스를 이용한 페인트 공간
그동안 DIY를 하면서도 나무를 자르고 페인팅을 하는 전용 작업공간이 없었다. 무거운 나무와 재료들은 이동형 카트에 실어 베란다로 옮긴 후 사과 박스를 쌓아 만든 공간에서 작업할 수 있도록 꾸몄다.

작업실

가구의 용도를 변형해 수많은 패턴 천을
깔끔하게 정리한 개인용 작업 공간

자주 사용하는 물건은 오픈해서 정리한다

페인트 소품은 넓찍한 상판의 책상에 오픈해서 정리했다. 종류별로 나눈 후 컵이나 페인트통들을 이용해 바로바로 꺼내 쓸 수 있게 정리했다. 자주 사용하는 물건은 안쪽에 넣기보다는 책상 위에 올려놓고 찾아 쓰기 쉽게 정리하는 것이 좋다.

전용 반짇고리 함을 갖춘다

반짇고리는 전용 함을 칸칸이 나누어 정리했다. 실은 실패에 꽂아둘 수 있고 연필과 가위는 뒤 칸에 꽂아 바로바로 사용할 수 있다. 바느질 용구가 많다면 전문 반짇고리 함을 이용해서 수납해보는 것도 좋다.

책꽂이를 엎으면 키 큰 물건을 수납할 수 있다 높이 있는 펠트천은 쌓아서 수납하는 것보다 세로로 수납하면 꺼내 쓰기 편하기 때문에 책꽂이를 잃어서 꽂았다. 키 큰 앨범이나 책들을 수납할 때 응용하면 좋다.(사진 오른쪽 위)

유리병을 이용한 단추 정리 다양한 단추를 유리병에 정리했다. 크기가 다르지만 소재가 같아서 재미있는 통일감을 주는데 빈티지 라벨을 구입해 붙이면 예쁘게 쓸 수 있다.(사진 오른쪽)

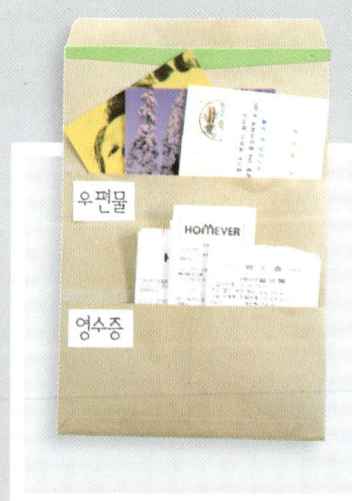

PART 3

똑 소리 나는 완벽 수납을 위한 작은 투자,
D.I.Y & 쇼핑

"털팽이님 블로그는 서민적이어서 너무 좋아요~" 털팽이가 수납에 쓰는 재료들은 사실 특별하지도 않고, 대단히 예쁘지도 않아요. 일상생활에서 흔히 구할 수 있는 페트병과 우유팩, 물건을 구입할 때 담아주는 박스 등을 이용하는 것이지요. 내구성이 필요한 아이템의 경우에는 천원숍을 찾아 적절한 것을 구입해서 사용한답니다. 흔한 재료를 이용했지만 정리정돈 하면서 물건들이 질서를 잡아가는 모습을 보고 있자면, 이렇게 완성한 공간이야말로 정말 아름답고 쾌적하다는 느낌이 듭니다. 직접 만들거나 혹은 저렴하게 구입하거나! 내 생활 반경에서 손쉽게 구한 물건들로 공간을 하나씩 정리해보세요. 어느새 정리의 즐거움을 알게 될 거예요.

ITEMS for D.I.Y

털팽이의 공간별 수납 기술을 살펴보면 많은 아이디어 수납 용품들이 등장하지요? 필요할 때마다 하나씩 구입해서 정리를 하는 경우도 있지만, 사실 그보다는 우리집 빈 공간에 딱 맞는 용도와 사이즈의 아이템을 직접 만드는 일이 허다하답니다. 재활용품으로 수납 용품을 제작하는 과정을 통해 기능적인 쓰임새에 대한 생각도 더욱 깊어질 수 있기 때문이지요. 앞서 소개한 정리법에 등장했던 DIY 수납 아이템, 한번 만들어 볼까요?

서랍 속 활용도 100%!

우유팩 수납함 만들기

우유팩으로 서랍 사이즈에 맞는 맞춤형 수납함을 만들어보자. 우유팩 수납함은 속옷과 양말을 하나씩 구분해서 정리하기에 적격이다. 엄마와 아이들 속옷은 200cc 크기를, 아빠 속옷은 500cc 크기를 이용해본다. 우유팩은 질겨서 몇 년은 거뜬히 버틸만큼 튼튼하다.

재료
우유팩 25개(30cm기준),
가위,
문양 박스 테이프,
글루건

01 우유팩을 준비한다. 우유팩은 서랍의 사이즈나 양말, 속옷의 개수에 맞춰 준비한 뒤 가위로 위 부분을 자른다.

02 글루건이나 본드로 팩들을 붙인다. 글루건은 열에 녹고 순간적으로 굳는 '핫 멜트'라는 접착제를 녹여주는 총 모양 접착제. 글루건이 없다면 핫 멜트를 라이터로 녹여서 사용한다.

03 다 붙인 후에는 벗어지지 않게 박스 테이프로 전체를 감아준다.

04 서랍장에 넣고 양말이나 속옷을 사각형으로 접어넣는다. 하나씩 쏙쏙 꺼내 쓰기에 좋다.

보송보송 전용 건조대
행주걸이 만들기

행주는 사용한 후 깨끗이 말리는 과정이 필수이다. 세탁소 옷걸이를 이용해서 싱크대 문에 간편하게 걸 수 있는 전용 건조대를 만들어보자.

재료
세탁소 옷걸이 2개,
자,
펜치,

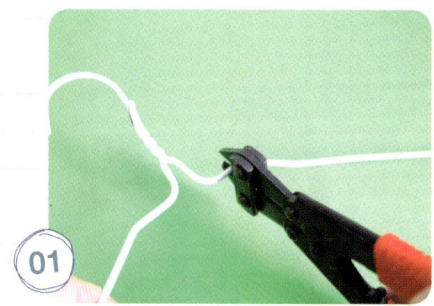

01 옷걸이의 윗부분을 펜치로 자른다.

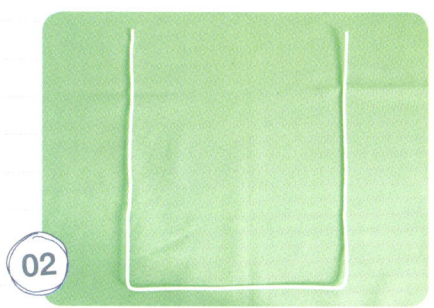

02 펼쳐서 ㄷ자 모양으로 구부린다.

03 싱크대 문에 걸 수 있도록, 양끝 부분을 다시 ㄷ자로 구부린다.

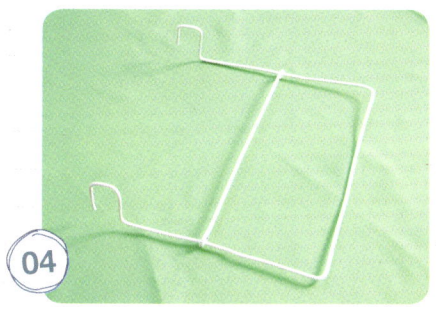

04 다른 옷걸이를 1자로 잘라서 중앙에 놓은 후, 끝을 구부려 걸쳐 끼운다.

05 싱크대 문에 걸고 행주나 고무장갑을 말린다.

싱크대 문짝 안에 설치하는
페트병 수저꽂이

작은 페트병을 잘라서 싱크대 문에 걸 수 있는 수저꽂이를 만들었다. 후크로 고정하고 포크, 티스푼이나 작은 주방잡화를 종류별로 수납할 수 있다.

재료
소형 페트병 2~3개,
데코 테이프나 리본,
접착식 후크,
가위 & 칼
송곳 또는 드라이버

01 페트병의 상부를 칼로 자르고, 자른 가장자리는 데코 테이프로 감아 장식한다. 송곳이나 드라이버를 이용해 구멍을 뚫어준다.

02 접착식 후크를 이용해 싱크대 문짝의 안쪽 면에 나란히 매단다.

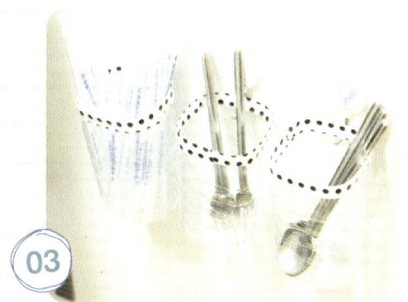

03 수저 또는 커트러리, 가벼운 조리 도구 등을 칸마다 종류별로 꽂아서 수납한다.

긴 우유팩을 붙여 만든
조리기구 스탠드

조리 기구를 종류별로 세워서 정리할 수 있는 조리기구 스탠드. 우유팩 여러 개를 연결하면 무거운 조리 기구를 꽂아도 넘어지지 않는다.

재료
1L 용량의 우유팩 5개,
컬러 시트지,
가위, & 풀,
투명 박스 테이프,
라벨

01 1L 들이의 긴 우유팩과 가위, 풀, 시트지를 준비한다.

02 수납하고자 하는 주방 소품의 높이를 고려해서 우유팩을 다양한 높이로 자른다.

03 각각의 우유팩에 서로 다른 컬러의 시트지를 붙여주면 보기에도 좋고 한층 튼튼해진다.

04 넘어지지 않게 투명한 박스 테이프로 전체를 연결한다. 우유팩을 십자 형태로 연결해두면 다소 무게가 있는 조리도구를 넣어도 쉽게 넘어지지 않는다.

05 각각의 코너에 수납한 물건들이 섞이지 않게 라벨을 붙여 사용한다.

한 칸에 하나 씩 반듯이 정리한다
휴지 심 조리도구 홀더

싱크대 문에 이것저것 물건을 매달아두면, 공간 절약에는 도움되지만 문을 여닫을 때마다 쉽게 넘어질 우려가 있다. 여러 개의 칸을 안전하게 이용할 수 있는 조리도구 전용 걸이를 만들어보자.

재료
휴지 심 5개,
포장지,
가위 & 풀
투명한 박스 테이프

01 휴지 심과 커버링용 포장지, 가위, 풀을 준비한다.

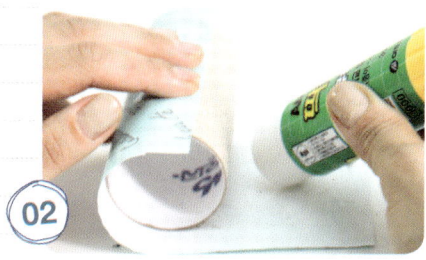

02 휴지 심의 겉면에 포장지를 돌돌 감아서 커버를 입힌다.

03 동그란 위 부분은 가윗집을 넣어서 여분의 포장지를 안쪽으로 밀어 넣어 고정한다.

04 싱크대 문짝의 안쪽 면에 투명한 박스 테이프로 단단히 고정한다. 하나 씩 붙이도록 한다.

05 국자나 뒤집개 등 위로 넣어서 목 부분이 걸리는 주방 소품들을 수납한다.

구부리기만 하면 바로 완성!

석쇠를 이용한 랩 전용 걸이

석쇠를 구부린 후 후크를 고정한 문짝에 달면 랩과 호일 박스 등을 보관할 수 있다. 요리할 때 손쉽게 꺼내 쓸 수 있으며, 끈이나 S자 고리를 이용하면 다른 도구들도 정리할 수 있다.

재료
석쇠 1개,
후크 2~3개,
S자 고리 또는 끈

01 싱크대 문의 폭에 알맞은 크기의 석쇠를 준비한다. 석쇠는 천원숍에서도 구입할 수 있다.

02 수납할 랩 개수의 높이만큼 한 쪽 끝을 구부린다.

03 랩의 폭만큼 반대쪽을 다시 구부려준다.

04 석쇠의 폭에 맞추어, 문짝에 후크를 일정 간격으로 2~3개 정도 단 뒤 석쇠를 걸어 문에 고정한다.

05 석쇠의 앞면에 끈을 걸어서 비닐 팩을 매달 수 있으며, S자 고리를 이용하면 여러 가지 주방 소품을 매달 수도 있다.

홈을 파서 기능을 더한 수납함
헤어 드라이기 걸이

드라이기는 수납하기 어려운 물건 중 하나이다. 페트병을 이용해서 벽면에 달아주면, 선이 긴 드라이기를 컴팩트하게 정리할 수 있어 화장실이나 화장대 선반이 한층 넓어진다.

재료
1.5L 용량의 페트병 1개,
칼 & 가위,
데코 테이프,
접착식 후크 또는 나사못

01 사용하는 헤어 드라이기의 높이에 맞추어 페트병을 자른다.

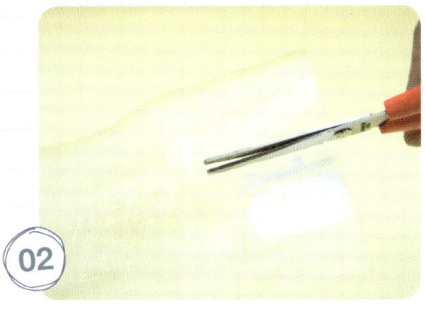

02 손잡이 부분을 걸칠 수 있도록, 가위로 잘라 앞부분에 홈을 낸다.

03 자른 가장자리는 데코테이프를 붙여서 깔끔하게 정리한다.

04 욕실장 문짝의 옆면에 나사못 또는 후크를 고정한 후 페트병을 부착한다.

일러스트 라벨을 붙여 구분하는 아이용 수납 박스

장난감 정리함

아이 장난감은 연령에 맞추어 아이가 스스로 구분해서 담을 수 있도록 분류하는 것이 기본. 장난감이 모두 들어갈 수 있는 넉넉한 크기의 재활용 상자로 전용 수납함을 마련해본다.

재료
큼직한 상자,
컬러 시트지,
한지 또는 초배지,
쇼핑백 끈,
송곳,
그림 라벨

01 넣을 장난감 종류를 고려해서 넉넉한 크기의 상자를 준비한다. 우선 뚜껑 부분을 자른다.

02 종이나 한지를 한 번 붙이면 기존 상자 색을 가릴 수 있어 완성도가 높아진다.

03 원하는 색상의 색지를 풀로 바르거나, 접착 시트지를 전체에 붙인다.

04 손잡이 부분은 송곳으로 구멍을 뚫은 뒤 쇼핑백 끈을 양쪽으로 통과해서 매듭짓는다.

05 아이 스스로 그림을 보면서 정리할 수 있도록 일러스트 라벨을 붙여준다.

06 종류별로 장난감을 수납하면 완성.

주머니 속에 쏙~
서류 봉투 우편물 꽂이

책상 위에 쌓인 우편물과 영수증은 조금만 시간이 지나면 정리하기 귀찮은 물건이다. 서류 봉투를 잘라 만든 전용 꽂이는 바로 넣어 분류할 수 있어 간편하다.

재료
서류 봉투,
책받침,
서류 봉투 크기의 종이 1장,
칼,
테이프

01 서류 봉투를 준비한다.

02 반대쪽 면까지 잘리지 않도록 봉투 안쪽으로 책받침을 끼워넣는다.

03 한쪽 면을 가로로 자른다. 한 번 자르면 1단, 2번 자르면 2단의 꽂이를 만들 수 있다.

04 책받침을 꺼낸 뒤 서류 봉투 크기에 맞춘 종이를 끼워넣는다.

05 주머니가 되도록 종이와 서류 봉투 사이에 위쪽으로 테이프를 붙여 고정한다.

06 각 칸마다 라벨을 붙여서 내용물이 섞이지 않도록 하는 것이 포인트.

벽면 또는 코르크판에 붙여서 고정한다.

ITEMS for SHOPPING

똑똑한 수납 아이템들을 제대로 활용하는 것도 정리정돈을 잘 하는 비결이랍니다. 털팽이 역시 다양한 수납 아이템을 사용하고 있는데, 구조적으로 정리가 어려운 공간들을 적절히 활용할 수 있어서 수납 가구를 구입하는 것 이상의 효과를 볼 수 있거든요. 이러한 수납 아이템도 현명하게 구입하려면 요령이 있어요. 천원숍의 저렴한 아이디어 상품부터 디자인이 돋보이는 기능성 제품까지, 내 공간에 필요한 다양한 종류를 체크해보세요.

바구니

바구니는 다양한 물건들을 한데 모아 정리하기에 좋다. 싱크대 위, 옷장 안, 화장대 위에 올려놓기만 해도 흐트러지기 쉬운 작은 살림들을 깔끔하게 수납할 수 있다. 특히, 손잡이가 있으면 옮겨가며 사용할 수 있어 한결 편리하다. 소재에 따라 사용 장소가 조금씩 다른데, 습기가 있는 주방이나 화장실에서는 플라스틱 바구니를 사용하고 거실이나 장식미를 고려한 공간에서는 패브릭, 라탄 소재의 것을 이용하면 잘 어울린다. 선반이나 서랍 속에 수납할 때는? 먼저 사이즈를 잰 후에 이에 맞는 크기의 제품을 구입한다. 쌓을 수 있는 제품이라면 좁은 공간을 보다 효율적으로 활용할 수 있을 것이다. 한편, 높은 곳에 올리는 용도라면 손잡이가 있는 바구니를 선택한다.

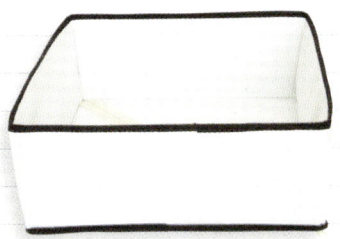

패브릭 바구니 : 내추럴 화이트 컬러의 패브릭 바구니. 서랍 안에 넣고 속옷, 양말, 넥타이 등을 깔끔하게 보관하기에 적합하다. 사용하지 않을 때는 접어서 보관할 수도 있다. 온라인 숍에서 구입 가능하며 4천원선.

삼목 바구니 : 책상 위에 올려두고 작은 소품을 담기에 적당한 미니 사이즈 바구니. 플라워 천으로 커버링 되어 로맨틱한 공간에 잘 어울린다. 다이소 제품, 1천원.

장바구니 : 상큼한 주황색 컬러의 플라스틱 장바구니. 선반 위나 싱크대 수납장에 세워두고 쟁반을 세워서 정리하기에 좋다. 뉴코아 제품, 3천원.

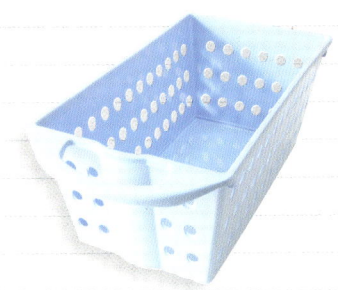

손잡이 바구니 : 손잡이가 달린 블루 컬러의 메시 바구니. 구멍이 뚫려 있어 냉기가 순환되어야 하는 냉장고 수납에 활용하면 적격이다. 천원숍 온리원 제품, 1천원.

플라스틱 바구니 : 위쪽으로 홈이 있어서 층층이 쌓을 수 있는 시스템 바구니. 서류부터 문구, 생활 소품까지 다양한 물건들을 정리할 수 있는 효율적인 아이템이다. 다이소 제품, 1천원

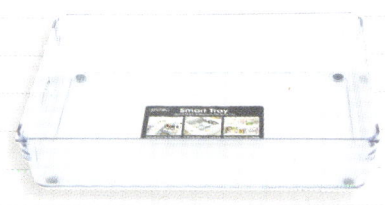

트레이 : 다양한 물건을 일목요연하게 정리할 수 있는 스마트 트레이. 3가지 사이즈가 있어 다양한 공간에 맞춤 수납이 가능하며, 모서리의 홈에 맞추어 쌓아서 정리할 수 있다. 책상 위에 올려놓고 서류를 정리하기에도 안성맞춤. 락앤락 제품, 2천6백원.

서랍장 용품

서랍 형태 수납함은 물건을 넣고 꺼내기 간편해서 유용하며, 위에 다른 물건들을 올려둘 수도 있어서 공간 활용도가 높다. 특히, 단을 쌓아 정리할 수 있는 플라스틱 서랍장은 옷장 속이나 싱크대 안, 책상이나 침대 아래 등 집안 곳곳의 자투리 공간에서 다양하게 활약한다. 정리함을 구입할 때는? 서랍 앞면이 반투명이어서 수납한 내용물을 구분하기 쉽고, 또 바퀴가 달려 있어 이동이 편리한 제품을 선택하는 것이 좋다. 한편, 미니 서랍 제품은 문구나 잡동사니를 정리하기에 좋은 아이템. 책상 위를 정리하거나 주방에 두고 포크, 냅킨, 커피 등 자잘한 물건들을 구분해 정리해도 좋다.

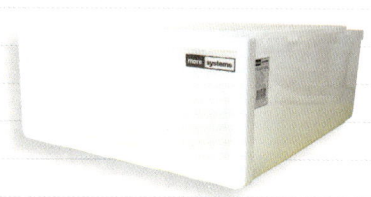

플라스틱 서랍장 쌓아서 정리할 수 있는 형태의 플라스틱 서랍장. 다양한 크기와 모양을 선택할 수 있어 집안 자투리 공간 곳곳에 활용할 수 있다. 모아 시스템즈 제품으로 4개 세트가 4만6천원.

문구용 미니서랍 종이 소재의 DIY 미니 서랍. 화장대 위에 두고 액세서리를 정리하기에도 좋다. 천원숍에서 구입 가능.

박스 스타일

박스는 뚜껑만 닫으면 속의 물건들이 보이지 않기 때문에, 자주 쓰는 물건을 종류별로 담아 보이는 곳에 놓아두기 좋다. 지퍼가 달린 패브릭 박스는 꺼내기 쉽고 통기성도 좋아서 옷이나 자주 쓰는 생활 소품을 정리하기에 편한 아이템. 쌓을 수 있는 한편으로, 사용하지 않을 때는 접어서도 보관할 수 있어 공간 활용도가 높다. 슈즈 박스는 다양한 색상과 크기를 구입할 수 있는데, 신발장 뿐 아니라 집안 곳곳을 정리하는 다용도 박스로도 활용할 수 있다. 성별에 따라 사이즈와 높이도 다르기 때문에 구입하기 전에 미리 사이즈를 측정한다.

종이 박스 로맨틱한 핑크 컬러의 종이 박스. 보이는 곳에 꺼내두어도 손색이 없으며 비닐 코팅 처리되어 오래 사용할 수 있다. 온라인 숍에서 구입 가능, 5천원선.

패브릭 박스 상큼한 오렌지 컬러의 리빙 박스. 모듈 형태로 포개어 쌓을 수 있고, 지퍼가 달려 사용하기도 편하다. 작은 사이즈는 아이들 문구류나 자주 사용하는 제품을 정리하기에 좋다. 락앤락 제품, 7천9백원.

슈즈 박스 핑크 색의 여성용 슈즈 박스. 신발장 뿐 아니라 집안 곳곳의 물건 수납에도 요긴하다. 온라인 쇼핑몰 'ek-box.com'에서 구입한 것으로 20개 세트가 1만4천9백원.

주방 정리 도구

좁은 주방과 냉장고 안도 수납 아이템을 이용하면 공간을 효율적으로 이용할 수 있다. 식기장 안은 ㄷ자 선반이나 전용 접시꽂이를 이용해 각종 그릇을 정리하면 좋다. 또 냉장고 안은 트레이나 바구니를 이용하면 자주 먹는 음식을 모아서 꺼내기 쉽게 정리할 수 있다. 냉장고용 바구니의 경우, 구멍이 뚫려 있어 냉기가 순환할 수 있고 속이 들여다 보이는 투명 소재를 선택하는 것이 좋다.

문칸 정리함 냉장고 문칸에 걸어둘 수 있는 아이디어 제품. 겨자나 초고추장, 빨리 먹어야 하는 소스를 끼워두기에 좋다. 다이소 제품, 1천원.

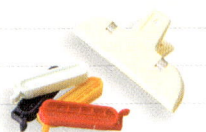

봉지 집게 개봉한 봉지 입구를 밀봉해주는 봉지 집게. 설탕, 밀가루, 커피 등 다양한 식품들을 변질 없이 보관할 수 있다. 다이소 제품, 2천원.

진공 포장기 사용하기 편리하고 세련된 디자인의 진공 포장기. 대용량의 음식을 공간을 절약해 신선하게 보관할 수 있다. 재사용할 수 있는 전용 팩이 있어 개봉한 제품도 다시 손쉽게 진공 상태로 만들 수 있는 것이 특징이다. 락앤락 제품으로 세트에 5만4천8백원.

ㄷ자 선반 공간을 2단으로 나눠주는 ㄷ자 선반. 접시 뿐 아니라 다양한 공간에서 응용할 수 있는데, 사용하지 않을 때는 접어서 보관할 수 있어서 편리하다. 다이소 제품, 1천원.

냉장고용 트레이 음료수나 작은 소스를 정리할 수 있는 미니 트레이. 손잡이를 당기면 안쪽의 물건도 쉽게 꺼낼 수 있다. 온리원 제품, 1천원.

S자 고리 옷이나 주방 용품 수납 등에 다용도로 쓰이는 가장 일반적인 수납 고리. 걸러는 물건에 따라 사이즈를 다양하게 선택한다. 인터넷 철물점 사이트에서 손쉽게 주문할 수 있으며, 10개 한 묶음에 1천원선.

서랍 정리함

칸막이가 나눠져 있는 정리함 종류는 서랍 안이나 낮은 선반에 두고 자잘한 소품류를 정리하기에 좋다. 서랍 속을 정리하는 것부터 액세서리, 공구, 약, 양말 등을 정리하는 다양한 전용품들이 있으므로, 정리할 물건에 적합한 디자인을 선택하도록 한다. 서랍이나 선반에 넣을 용도라면 사이즈를 잰 뒤 쇼핑한다. 칸막이가 움직이는지 쌓을 수 있는지 꼼꼼히 살펴본 후에 구입하는 것이 좋다.

소품 정리함 다양한 크기의 칸이 나눠진 소품 정리함. 문구, 미용, 공구, 약품 종류 등 다양한 물건을 효과적으로 정리할 수 있다. 다이소 제품, 1천원.

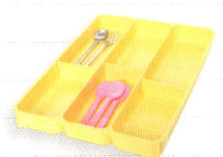

서랍 정리함 선명한 옐로우 컬러의 서랍 정리함. 서랍 안을 일목요연하게 정리할 수 있으며 칸막이 형태를 바꿀 수 있다. 다이소 제품, 1천5백원.

속옷 정리함 속옷을 칸칸 정리하기에 좋은 정리함. 측면에 고리가 있어서 여러 개의 정리함을 연결할 수 있다. 다이소제품, 1000원

기타 아이템

압축봉은 못이나 나사 없이 봉을 돌려서 간단히 설치할 수 있는 방식과 양쪽 끝을 나사로 고정하는 방식의 것이 있다. 무거운 물건을 걸면 떨어질 수 있으므로, 걸기 전에 압축봉의 하중을 반드시 확인한다. S자 고리를 봉에 걸쳐두기만 하면 걸 수 있는 다양한 물건을 수납할 수 있다. 끝에 나사가 달려있는 물음표 모양의 고리 역시 손으로 돌려서 간단히 설치할 수 있는 아이템. 또 북엔드는 책이 넘어지지 않도록 받쳐주는 용도로, 책의 부피를 줄여주는 것은 물론 책 이외에 옷이나 다른 물건을 세로 수납할 때 요긴하게 쓰인다.

라벨터치기 다양한 종류의 스티커식 라벨을 즉석으로 출력할 수 있는 포터블 라벨기. 조작이 간편하며, 180가지의 아이콘과 편집기능이 내장되어 개성 있는 스티커 라벨을 만들 수 있다. 라미네이트 테이프를 사용하여 물, 불, 기름에 훼손되지 않으며 떼어냈을 때 흔적이 남지 않는 것도 특징이다. 부라더 제품, 4만 5천원. www.brother.co.kr

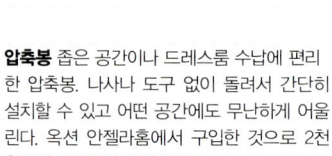

압축봉 좁은 공간이나 드레스룸 수납에 편리한 압축봉. 나사나 도구 없이 돌려서 간단히 설치할 수 있고 어떤 공간에도 무난하게 어울린다. 옥션 안젤라홈에서 구입한 것으로 2천원부터 가격대가 다양하다.

걸이형 휴지통 끝부분이 고무 처리되어 미끄러지지 않고 테이블에 걸 수 있는 일본제 플라스틱 휴지통. 쓰레기를 버려도 좋지만, 디자인이 예뻐서 보이는 곳에 걸어두고 자주 쓰는 물건을 정리해도 좋다. 인터넷 쇼핑몰 마미마켓 제품으로 1만7천2백원.

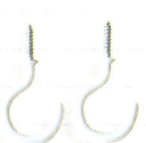

물음표 고리 돌려서 간편하게 고정할 수 있는 고리. 선반 아래에 설치하면 컵이나 우산 등 다양한 물건을 걸어 정리할 수 있다. 천정에 모빌 장식을 걸 때에도 편리하다. 옥션에서 구입한 것으로 10개 묶음 세트가 2천원.

북엔드 블루 컬러의 물결 무늬 스탠드. 책, CD 등 다양한 물건을 넘어지지 않도록 받쳐주며 공간 활용도를 높여준다. 다이소제품, 2천원.

집게 선명한 컬러의 집게. 흩어지기 쉬운 서류와 영수증, 우편물을 깔끔히 정돈해준다. 문구점 어디에서나 구입 가능.

벨크로 테이프 뒷면에 강력 테이프가 부착되어있는 찍찍이 형태의 접착 용품. 가벼운 물건들을 떼었다 붙였다 할 수 있다. 고정하려는 물건에 돌기가 있는 부분을 부착한다. 3M 제품으로 1천8백원.

흡착식 후크 유리나 타일에 댄 채로 고리를 내리기만 하면 튼튼하게 부착되는 걸이용 아이템. 타일 면에 수납 고리를 붙일 때는 글건 형태 대신 흡착식을 이용한다. 해피홈 생활용품, 1천원.

화장실 걸이 산뜻한 블루 컬러의 화장실용 걸이. 축축한 바닥에 두면 위생적으로 좋지 않은 치약, 칫솔, 빗, 면도기 등을 간단하게 걸 수 있다. 다이소 제품, 1천원.

꺼내고, 버리고, 완벽하게 집어넣는
깐깐한 수납

초판 1쇄 발행 2008년 9월 1일
초판 42쇄 발행 2023년 8월 21일

지은이 조윤경

발행인 이재진 **단행본사업본부장** 신동해 **편집장** 김예원
사진 김황직(studio IL , 공간 이미지 촬영) **디자인** 디자인상자
일러스트 문익재(moonij96@naver.com) **교정교열** 전남희
마케팅 최혜진 신예은 **홍보** 반여진 허지호 정지연 **국제업무** 김은정 **제작** 정석훈

브랜드 웅진리빙하우스
주소 경기도 파주시 회동길 20
문의전화 031-956-7357(편집) 031-956-7087(마케팅)
홈페이지 www.wjbooks.co.kr
인스타그램 www.instagram.com/woongjin_readers
페이스북 https://www.facebook.com/woongjinreaders
블로그 blog.naver.com/wj_booking

발행처 ㈜웅진씽크빅
출판신고 1980년 3월 29일 제406-2007-000046호.

ⓒ 조윤경, 2008
ISBN 978-89-01-08714-6 13590

웅진리빙하우스는 ㈜웅진씽크빅 단행본사업본부의 브랜드입니다.
이 책은 저작권법에 의해 한국 내에서 보호를 받는 저작물이므로 무단전재와 무단복제를 금합니다.
이 책 내용의 전부 또는 일부를 이용하려면 반드시 저작권자와 ㈜웅진씽크빅의 서면 동의를 받아야 합니다.

※ 책값은 뒤표지에 있습니다.
※ 잘못된 책은 구입하신 곳에서 바꿔드립니다.

thanks to

다이소 부천 로얄쇼핑점 032-219-6016 www.daiso.co.kr
락앤락 080-329-3000 www.locknlock.com
LG화학 디스퀘어 갤러리 02-2037-0001 www.dsquare.kr
마미마켓 031-505-6563 www.mamimarket.com